PERFUMES

THE GUIDE

1994

PARFUMS LE GUIDE

LUCA TURIN

TRANSLATED FROM THE FRENCH
BY TANIA SANCHEZ

PERFÜÜMISTA OÜ

Published by Perfüümista OÜ

Tallinn, Eesti

For permission requests, please contact us at perfuumista@gmail.com or
via the website www.perfumestheguide.com.

French text originally published by Hermé, 1992
Revised edition published by Hermé, 1994
Reissue/translation published by Perfüumista OU, 2019

ISBN 978-9949-01-525-2

For more information please see www.perfumestheguide.com.

TABLE DES MATIÈRES

CONTENTS

FOREWORD TO THE TRANSLATION

This book was written in what was, for me, a time of darkness. But it didn't feel in the least dark when I wrote it, and still doesn't. Literary critics and biographers, faced with works stacked on one side of their table and a timeline of events on the other side, often try to fit one to the other and end up like kids pushing together rail arcs of different curvature to make an electric train track, ending up with a spot that punctually derails things.

In reality, work is often a refuge from events, not a mirror. The events were as follows. In 1988, when my one and only graduate student, Philippe Béhé, finished his thesis, I decided to leave the Marine Station in Villefranche-sur-Mer, where I had been a tenured staff scientist since 1982, and get a job elsewhere. Looking back, I think I was simply being contrarian. Villefranche was as close to heaven as it is possible to be, and thus nobody ever left. I felt trapped, and the French CNRS system allowed me to take my job wherever I liked, provided the receiving lab accepted me.

I heard there might be an opening in neuroscience at the Institut Pasteur in Paris. I called Henri Korn, the director of the unit, and was accepted on the spot. A few months later I moved, having in the meantime noticed that various people went rather quiet when I explained where I was going. Some were a bit more forthcoming; it was explained to me that Korn was a psychopath who enforced a regime of terror and intimidation upon his staff. Having been brought up in the fundamentally decent scientific culture of the UK, armed with foolish self-confidence, I prepared myself for the worst.

What I was not prepared for was the fact that all the behavioral shenanigans the lab chief inflicted on his terrified staff were only a cover for a much more fundamental problem: he was a complete fraud and had been making up results for approximately a decade when I first got there. It later turned out that results in other labs that confirmed his were also made up. I discovered this rather accidentally when I was asked to supervise Julien Basch, the brightest young man I ever met, a family friend of the boss, who was supposed to reanalyse his data automatically to make things faster. When I saw the extent of the damage, I went to my superiors—remember, my employer was a nationwide entity,

not Pasteur—and told them there was a major problem: that one of the biggest shots in French neuroscience was in fact a complete fantasist.

Concurrently, the AIDS epidemic was at its peak, seemingly hell-bent on visiting a horrible death on all the people who had made the mistake of being gay, shooting up, or having a blood transfusion. Many people around me were dying, including two gay friends, one of whom would take twenty minutes to climb the four flights of stairs to our tiny flat to come for dinner. Pasteur always made most of its income from vaccines, and when a colleague asked me whether I would take part in an AIDS vaccine trial, I said yes. I am by nature a rather fearful guy, prone to grasping the armrests of my airplane seat at the slightest sign of turbulence. But for some reason I am boundlessly confident in biomedical matters.

What I did not know was that the vaccine trial was illegal, had nothing to do with Pasteur, and essentially involved DC-based celebrity virologist Robert Gallo testing his vaccine on us "animals" in France, because the US regulatory authorities would not let him do it at home. He found some greedy stooges (Daniel Zagury and Odile Picard) in Paris, and off we all went to be shot up with an unsafe thing. Healthy people like myself only got a sore arm and a permanently positive HIV test. (I had some explaining to do years later when I applied for a US green card). Sick people who got the same vaccine died. Nobody went to prison for this because they were MDs. They just did not get promotion.

The shit hit the fan on both scandals simultaneously: the CNRS informed me I had a week to find another lab abroad (where they would pay my salary for a year or two just to see the back of me), and John Crewdson at the *Chicago Tribune*, who was onto Gallo, got wind of the vaccine trials in Paris and contacted me for ringside information, which I gladly gave when I found out what the scam was. End results: Gallo was edged out of the NIH and did not get the Nobel for "discovering" the HIV virus because he hadn't, and I lost my job because I had blown the whistle at Pasteur. A friend in the US kindly took me into his lab for a year, after which I returned to Paris for a few months, waiting to go to Russia to do some experiments with colleagues at Moscow State University.

Under the circumstances, I felt no compunction whatsoever about taking some time off on full pay to write a perfume book. I had been collecting perfumes for nearly a decade, at a time when flea markets

would sell you an ounce of a 1920s marvel, sealed, in its original light-proof box, for the price of a sandwich and a beer. I also had an antiques-dealer friend in Belgium who would come visit in Villefranche and bring a trunkload of fragrances each time. That is when I discovered I had some brain deformity invisible to MRI (a kind soul on Twitter called it "perfume autism") that allowed me to translate perfume into words. At length, tired of hearing me gas on, various people suggested I write a book. I holed up under the eaves of my mother's flat in Paris near Place des Ternes to do so.

I wrote the first handful from memory: Chamade, Rive Gauche, Opium, and a couple of others I forget. I printed them out and showed them to my mother, who has a good eye for French prose. She read them, looked puzzled, then said, "I had no idea you had this in you." Then started one of the happiest periods of my life. I spent hours phoning PR departments of various perfume houses for samples and getting the full French haughty, rude, and mostly uncomprehending treatment: "You're writing *what?* Why would you need anything other than a press release? Can we check your copy before you publish?" At length, I worked out a pitch for unhelpful PR: I could smell their fragrances anyway, except it would involve going to a big department store, an hour by metro there and back, and I'd get home in a bad mood. That usually did it, and a motorcycle messenger would soon turn up with a big box tied with a pink satin ribbon.

I started shopping the book around. Various big publishers turned me down but helpfully suggested a small outfit called Hermé who had started a series of snobby guides. I went to see their editorial director, a handsome rogue in his late fifties who, in typical Parisian fashion, pro-fessed himself amused by the fact that I seemed sincere in my passion for perfume. He explained that, had he thought of the idea before I came along, he would have found a *polygraphe* (the French word for "hack") to do it. They took the book and published it in 1992.

Hermé was a weird publisher, mostly staffed by people who had not knowingly read a book in their lives. It was in fact a large printing and bookbinding firm who wanted to be present at book fairs to drum up business and needed to have a publishing wing to do so. On publication, they hired a delightful PR person, a woman in her late sixties whose name I have unfortunately forgotten, who asked me to write a press re-

lease, which was eventually published verbatim in two dozen negligible publications, signed by as many different names. She memorably described those people as a *cordée d'arsouilles*,* and two decades later I am still trying to find the exact translation of that Rabelaisian phrase.

There was a second edition two years later, this time with a picture of the boss's girlfriend (a demure nude from the back) on the cover. The book has been described as the "best selling" perfume guide in France, technically accurate, since there was only one. It got me gigs in French magazines and made me some cherished friends, notably the late Jacques Prim, a brave man and wonderful writer, and Sabine Chabbert, currently head of the Fragrance Foundation France and a perfect counter-example to the notion that perfumery is inherently an airheaded business. Fourteen years, a language change and Tania Sanchez later, *Perfumes: the A–Z Guide* came to life.

Perhaps because of the circumstances surrounding its writing, or maybe the predictable unease one feels towards early work, I never gave this first guide much thought in the intervening years. I would have been quite incapable of translating it, because the fun of translation disappears when the text is yours in the first place. Now Tania has translated it, using a potent mixture of machine intelligence and her own. I write this just before seeing her translation. I look forward to reading myself in English. LT

---

* A *cordée* is a rope team, i.e. a group of mountain climbers lashed together. An *arsouille* is a drunk or a ruffian.

TRANSLATOR'S NOTE

Ever since I met Luca in 2005, I'd been hoping to convince him to translate his groundbreaking little book *Parfums le guide* into English, so I could read it. First he grumbled that it was impossible to translate one's own stuff; then he attempted half-heartedly to sift out a talented translator via a contest on his blog, but the winner wasn't interested. Then we wrote an entire guide in English together, and then another, and I think he thought I had forgotten about it.

I had not. It nagged me, rather, that having been married to him for so long, I still hadn't read that @$&#ing guide. So I've gone and done the job.

A few things made this once forbidding task easier: the existence of Google, having the author himself whistling around the house and available for questioning, and my many gratifying years as a reader and editor of his work in English.

Fortunately, the fun of reading it made figuring it out more of a game, not a job. It was delightful to see Luca's original thoughts on fragrances he has since written about rather differently. His take on the classics is unmissable, and certain fragrances that have evaporated completely out of the world and of human memory are here indelibly memorialized.

Idiotic philosophers of aesthetics may still be arguing about whether perfume is an art until the sun sinks into the sea and the last free molecule of apocalyptic smoke is sucked into the last nostril, but no one who has read Luca's writing on the subject can be in any doubt.

I have taken the liberty of imposing my own punctuation regime and removing italics from perfume names, but I leave the uncertain alphabetization in place, because fixing that is more than my job's worth. Contact info and store locations, undoubtedly out of date, are left in for completeness's sake. I have completely redone the quirky index of adjectives, a much loved aspect of the first guide that we were unable to replicate in the later English guides.

Now, my fellow lazy connoisseurs of both perfumes and words, you too may enjoy the fruits of this long-delayed labor. T S

AVANT-PROPOS

Dans cette nouvelle édition de *Parfums le guide,* 61 nouveautés sorties depuis mars 1992, date de la précédente publication, sont décrites pour la première fois. Elles sont indiquées par le symbole ✔.

Trois d'entre elles, Féminité du Bois (Shiseido), Angel (Mugler) et Tocade (Rochas) obtiennent d'emblée le petit « cœur » qui dénote mes favoris. Quelques constatations : les hommes sont inhabituellement gâtés par les nouveautés (Insensé, Minotaure, Versus), le stéréotype du parfum viril étant pour le moment en perte de vitesse. La note métallique actuellement en vogue nous est servie à toutes les sauces, dans certains cas quasiment à l'état pur (Eau d'Issey, Chevignon) et se révèle rapidement lassante. La série des floraux niais (Narcisse, Volupté, Tuscany) aux formes olfactives petitement « futuristes » continue de s'allonger.

Quatre petites maisons entrent dans ce guide : Diptyque avec deux de ses belles créations, L'Eau Lente et Virgilio, Les Parfums de Rosine avec La Rose et La Coupe d'Or, SMN avec Peau d'Espagne et Stéphane Coty avec Ruban Noir.

Au bilan des deuils et réjouissances, signalons la quasi-disparition de Vivre (Molyneux), le meilleur parfum de cette maison, ainsi que la plus large disponibilité des grandes rééditions Chanel et la sortie d'une eau de parfum de l'excellent Cristalle.

Enfin, puisque la critique implique des responsabilités, je dois ici avouer mon erreur de jugement sur La Nuit (Paco Rabanne) que j'avais injustement éreinté et que j'ai fini par mieux « comprendre » récemment.

FOREWORD TO THE 1994 EDITION

This new edition of *Parfums le guide* describes 61 new releases since March 1992, the date of the previous publication, for the first time. They are indicated by the symbol ✔.

Three of them, Féminité du Bois (Shiseido), Angel (Mugler) and Tocade (Rochas) earn from the start the little heart that denotes my favorites. Some observations: men are unusually spoiled by new releases (Insensé, Minotaur, Versus), with the stereotype of manly perfume slowing down for the moment. The metallic note currently in fashion is served every which way, in some cases almost pure (Eau d'Issey, Chevignon), and quickly reveals itself boring. The succession of silly florals (Narcisse, Volupté, Tuscany) with slightly futuristic olfactory forms continues growing.

Four small houses make their debut in this guide: Diptyque with two beautiful creations, L'Eau Lente and Virgilio; Les Parfums de Rosine with La Rose and La Coupe d'Or; SMN with Peau d'Espagne; and Stéphane Coty with Ruban Noir.

In the balance sheet of reasons to mourn and reasons to rejoice, we announce the near disappearance of Vivre (Molyneux), the best perfume of this house, as well as the wider availability of the great Chanel reissues and the exit of an eau de parfum of the excellent Cristalle.

Finally, since criticism involves responsibility, I must confess here my error of judgment on La Nuit (Paco Rabanne), which I had unjustly panned, and which I ended up recently understanding better.

INTRODUCTION

Le parfum doit son existence à une série de miracles dont on parle peu. Premièrement, que l'homme ait, en matière olfactive, les mêmes organes détecteurs — voire les mêmes goûts — que certains insectes comme les abeilles et les papillons. L'évolution a donné aux fleurs sexuées un organe de propagande pour faciliter la pollinisation; ces odeurs, pour des raisons actuellement insondables, nous sont agréables. Ce genre de convergence n'est nullement acquis : les mouches ont des goûts affirmés mais très différents, alors que les guêpes semblent adorer l'odeur de la charcuterie.

De même, il suffit d'avoir vu un chien détourner la tête sans ciller lorsqu'on lui met sous le nez un parfum pour se rendre compte que cette bête, pourtant douée, capable de lire une base de réverbère trois fois de suite comme s'il s'agissait d'une lettre d'amour, ne s'intéresse du point de vue des loisirs olfactifs qu'au sexe et à la bouffe.

C'est là bien sûr une question de motivation, car le même chien, dans un contexte professionnel, sera capable de retrouver un foulard sous trois mètres de neige, en s'aidant probablement de restes de parfum.

Second miracle, que les créateurs de parfum aient pu surmonter l'explosion combinatoire : il existe plusieurs centaines de matières premières, chaque parfum en utilise plusieurs dizaines. Le nombre de parfums possibles est donc astronomique, et pourtant un art s'est construit et prospère qui a su créer des entités complexes très abstraites et parfaitement distinctes. Organisées en réseaux, parfois en filiations ou hiérarchies, elles ont une vie autonome.

On comprendra mieux les parfums si on les considère non pas comme des ornements, mais comme des personnages invisibles qui nous entourent, veillent sur nous et parlent souvent à notre place. Bref, des anges.

Cette optique permet d'emblée de se défaire d'un lemme épineux : celui du sexe des parfums. On le verra dans ce guide, la question n'a pas grand sens dans leur sphère céleste.

Deuxième question sacrilège balayée par le point de vue angélique : comment choisir un parfum qui vous va bien. Dirait-on : « cet ange vous va à ravir? »

INTRODUCTION

Perfume owes its existence to a series of miracles that are little talked about. First, that man has, in olfactory matters, the same detecting organs—even the same tastes—as certain insects, such as bees and butterflies. Evolution has given sexed flowers an organ of propagation to facilitate pollination; their odors, for currently unfathomable reasons, are pleasing to us. This kind of convergence is by no means assured: flies have assertive but very different tastes, while wasps seem to adore the smell of cold cuts.

Similarly, it is enough to have seen a dog turn his head away without blinking when a perfume presents under his nose to realize that this talented beast, capable of reviewing the base of a lamppost carefully three times in a row as if it were a love letter, derives olfactory pleasure from sex and food only.

This is of course a question of motivation, because the same dog, in a professional context, will find a scarf under three meters of snow, probably with the help of traces of perfume.

Second miracle: that the creators of perfume could overcome the problem of combinatorial proliferation. There exist several hundred raw materials, each perfume using several dozen. The number of possible perfumes is therefore astronomical, and yet an art has been built and prospers in the knowledge of how to create abstract, perfectly distinct, complex entities. Organized in networks, sometimes in filiations or hierarchies, they have an autonomous life.

Perfumes will be better understood if we consider them not as ornaments but as invisible characters around us, watching over us and often speaking in our stead. In short, angels.

This perspective allows us from the start to get rid of a thorny lemma: that of the sex of perfumes. As will be seen in this guide, the question does not make much sense in their celestial sphere.

A second sacrilegious question swept away by the angelic point of view: how to choose a perfume that suits you. Would you ever say, "This angel will delight you?"

Enfin, cela va sans dire, un pur esprit n'a pas d'ingrédients. Autre question, très importante : pourquoi tant de ces anges sont-ils français?

Pour comprendre cela, il faut faire un détour gastronomique. À la cuisine, ce peuple d'alchimistes a su, mieux que tout autre, tirer parti des fermentations et des putréfactions, et vénère sans honte des créations pestilentielles, tel, par exemple, le munster. De même, la création vinicole la plus proche du parfum, le bordeaux blanc liquoreux, d'apparence si solaire, doit son existence à un champignon dont le nom résume à lui tout seul le génie sensuel des Français : la pourriture noble.

Quel rapport avec les parfums? Tout simplement, que ces derniers seraient d'un ennui mortel s'il n'entrait dans leur composition que des odeurs agréables, et ne deviennent vraiment beaux que lorsque des ingrédients répugnants en font partie.

Il suffit d'avoir senti la civette, le castoréum ou l'indole pour se rendre compte que les voies du parfum sont moins impénétrables pour un mangeur de camembert que pour un buveur de yaourt.

Cela étant dit, il existe des écoles de parfum dans d'autres pays, chacune avec son caractère propre : la référence du parfum italien serait plutôt cet extraordinaire vitrail comestible qu'est le panforte de Sienne, dense, truffé de fruits confits et d'épices; les Américains, avec leurs parfums magnifiquement athlétiques et propres, ont créé une nouvelle race de titans; les Japonais font des parfums d'une intense délicatesse.

Le plus étonnant, c'est que ces anges sont mortels : les parfumeurs font faillite, les grandes créations disparaissent et leur composition avec. Là encore le parfum rejoint l'alchimie : le secret est une caractéristique pré-scientifique.

Ainsi d'inoubliables merveilles comme Iris Gris (Fath) et Ambre Antique (Coty) se sont évanouies. Comment fais-je pour savoir qu'ils sont bons? Grâce à une Osmothèque à Versailles qui les reconstruit et les préserve. Les amateurs peuvent maintenant dormir un peu plus tranquilles, car chaque année ne voit plus, comme auparavant, la destruction d'un monument aimé.

Il faut signaler ici l'irrespect, voire le cynisme, de nombre de grandes marques qui élaguent leurs parfums comme des platanes par souci d'économie.

Finally, needless to say, a pure spirit has no ingredients. Another question, very important: why are so many angels French?

To understand this, you have to make a gastronomic detour. In the kitchen, this nation of alchemists has known better than any other how to take advantage of fermentations and putrefactions, and venerates without shame such pestilential creations as, for example, Muenster cheese. Similarly, the winemaker's creation closest to perfume, sweet white bordeaux, so sunny in appearance, owes its existence to a fungus whose name by itself sums up the sensual genius of the French: noble rot.

What is the relationship with perfumes? Quite simply, that the latter would be deadly boring if they included in their composition only pleasant smells, and become really beautiful only when disgusting ingredients are included.

It is enough to have smelled civet, castoreum or indole to realize that the ways of perfume are less impenetrable for an eater of camembert than for a drinker of yogurt.

That said, there are schools of perfume in other countries, each with its own character: the reference for Italian perfume would be above all that extraordinary stained glass window that is the Siena *panforte,* dense, stuffed with candied fruits and spices; the Americans, with their beautifully athletic and clean perfumes, have created a new breed of titans; the Japanese make perfumes of intense delicacy.

The most amazing thing is that these angels are mortal: the perfumers go bankrupt, the great creations disappear, and their composition with them. In this way, perfume rejoins with alchemy: secrets are a pre-scientific trait.

Thus unforgettable wonders like Iris Gris (Fath) and Ambre Antique (Coty) have vanished. How do I know they are good? Thanks to one Osmothèque at Versailles, which reconstitutes and preserves them. Fans can now sleep a little more soundly, because each year no longer sees, as before, the destruction of a beloved monument.

It should be noted here the disrespect, even the cynicism, of many major brands, who prune their perfumes like plane trees for the sake of economy.

Créer un mauvais parfum, passe. Mais en détruire un bon, garder son nom légendaire et remplir les flacons d'un jus sans intérêt, cela devrait être illégal.

Heureusement, à côté de certains qui rentabilisent, lancent un parfum tous les trois ans, comme une voiture, et généralement dépensent des millions pour pas grand chose, on assiste en ce moment à une tendance très encourageante. D'une part, nombre de petites maisons créent de nouveaux parfums qui bénéficient du seul moyen de communication véritablement fiable, quoique lent : le bouche à oreille. D'autre part, certains grands ont réédité fidèlement leurs anciennes créations, et cette tendance s'accélère. Enfin, la chimie de synthèse donne aux apprentis sorciers des matériaux pour engendrer d'autres anges, démons et égrégores.

J'ai tiré le portrait de 244 de ces personnages évanescents, tels qu'ils me sont apparus : souvent beaux, certains célestes, quelques-uns effroyables.

J'ai laissé de côté un certain nombre de parfums que je trouvais médiocres, car il valait mieux ne rien en dire que s'échiner à en dire du mal intelligemment. Parmi ceux-là, nombre d'eaux de toilette masculines qui hantent les lieux publics comme des zombis.

On le verra, les parfums que j'aime m'ont parfois accordé le temps de les contempler plus en détail. J'espère que le lecteur ira à leur rencontre et, si mon portrait est fidèle, saura les reconnaître.

Quelques conseils

Ce guide encourage les hommes à porter des parfums de femme judicieusement choisis et les femmes à explorer encore plus qu'elles ne l'ont fait jusqu'ici la gamme des eaux de toilette masculines. L'effarante banalité et le manque d'humour de certains parfums « virils » contraint les hommes à chercher plus loin, mais permet aux femmes des contre-emplois qui ne manquent pas d'intérêt. Osez, vous verrez que cela ne détonne pas plus qu'une veste boutonnée du « mauvais » côté : seule la coupe compte.

Résistez aux boniments qui vous chantent la féminité ou son contraire, etc. et rappelez-vous qu'il s'agit le plus souvent de vendre rapidement les nouveautés. N'achetez jamais un parfum sans l'avoir porté

Create a bad scent: fine. But destroy a good one, keep its legendary name, and fill the vials with an uninteresting juice? That should be illegal.

Fortunately, alongside some firms that make profits, launch a perfume every three years as if it were a car, and generally spend millions for not much, there is currently a very encouraging trend. On the one hand, many small houses are creating new fragrances that benefit from the only truly reliable, though slow, means of communication: word of mouth. On the other hand, some of the greats have faithfully reissued their old creations, and this trend is accelerating. Finally, synthetic chemistry gives sorcerer's apprentices materials to generate other angels, demons and egregores.

I have drawn portraits of 244 of these evanescent characters, as they appeared to me: often beautiful, some celestial, some appalling.

I left aside a certain number of perfumes which I found mediocre, for it was better to say nothing than to try to speak ill of them intelligently. Among these were many masculine eaux de toilette that haunt public places like zombies.

As will be seen, the perfumes I like have sometimes given me the time to contemplate them in more detail. I hope that the reader will encounter them and, if my portrait is faithful, will recognize them.

Some Advice

This guide encourages men to wear well-chosen women's perfumes and women to explore, even more than they have so far, the range of men's eau de toilette. The frightening banality and lack of humor of certain "manly" fragrances force men to look further, yet they allow women an interesting chance to play against type. But dare, and you will see it is no more jarring than a jacket buttoned from the other side: only the cut matters.

Resist sales pitches that sing to you of femininity or its opposite, etc., and remember that these are most often concerned with hawking new stuff quickly. Never buy a perfume without having worn it

au moins une heure, et essayez-le sur la peau et sur une mouillette de papier buvard. Ne répétez pas sans comprendre le cliché qui voudrait que votre peau personnalise le parfum : c'est souvent faux, et de moins en moins vrai avec les synthétiques.

Si vous parfumez vos vêtements, vaporisez le parfum à l'intérieur, pour qu'il se développe à la chaleur du corps. Rappelez-vous que même lorsque vous ne le sentez plus, les autres le sentent encore. Soyez discrets : votre parfum doit sortir de l'ascenseur avec vous. N'en mettez pas trop pour aller au restaurant ou au concert : votre partenaire vous a choisi(e), mais pas vos voisins. Rappelez-vous que la fidélité à un parfum n'est un mérite que si vous continuez de l'aimer et qu'il continue de vous ressembler. Changez donc, si cela vous chante. Enfin, amusez-vous, le parfum n'est sérieux que dans la mesure où il est frivole.

Les parfums pour femme sont en général vendus en parfum et eau de toilette, quelquefois en eau de parfum. Le parfum est gras, concentré, parfois d'odeur plus riche. Il est vendu en fractions d'once. Le quart et le huitième d'once (ce dernier plus rare) sont les formats idéaux pour découvrir un parfum. Si votre choix est fait, prenez la demi-once. Evitez les formats plus grands, sauf si vous adorez le flacon, car ils risquent de durer trop longtemps et de s'altérer. L'eau de toilette à base d'alcool et sa sœur concentrée, l'eau de parfum, sont plus faciles à doser et à transporter. L'eau de parfum est souvent un compromis idéal : choisissez-la de préférence en atomiseur, qui ne risque pas de couler.

Rappelez-vous que le parfum craint avant tout la lumière. Une semaine sur un rebord de fenêtre ensoleillé suffit à le détruire.

Les parfums anciens

Si vous trouvez un parfum ancien dans un fond de boutique ou à la brocante, assurez-vous d'abord que ce n'est pas un factice en cherchant l'étiquette sous la bouteille. Dans son emballage et à l'ombre, un parfum peut survivre plusieurs années. Si la bouteille est scellée et le parfum en grande partie évaporé, il peut parfois être ramené à la vie par un ajout d'alcool à 90°. Demandez à le sentir et mettez-le sur la peau.

for at least an hour, and try it both on the skin and sprayed on blotting paper. Do not mindlessly repeat the cliché that your skin personalizes the perfume: it is often wrong, and less and less true with synthetics.

If you scent your clothes, spray the perfume on the inside, so that it develops with the heat of the body. Remember that even when you no longer smell it, others still do. Be discreet: your perfume must exit the elevator with you. Do not wear too much at a restaurant or concert: your partner may have chosen you, but your neighbors didn't. Remember that faithfulness to a perfume is a merit only if you continue to love it and it continues to represent you. So switch, if you like. Finally, have fun. Perfume is serious only to the extent that it is frivolous.

Perfumes for women are generally sold in parfum and eau de toilette, sometimes in eau de parfum. The parfum is oilier, concentrated, sometimes with a richer odor. It is sold in fractions of an ounce. A quarter and an eighth of an ounce (the latter rarer) are the ideal formats to discover a fragrance. If your choice is already made, take the half ounce. Avoid larger sizes, unless you love the bottle, as they may last too long and deteriorate. Alcohol-based eau de toilette and its concentrated sister, eau de parfum, are easier to dose and transport. The eau de parfum is often an ideal compromise: choose it preferably in an atomizer, which is not likely to leak.

Remember that above all, perfume fears the light. A week on a sunny windowsill is enough to destroy it.

Vintage Perfumes

If you find an old perfume in the back of a shop or at a flea market, first look for the label under the bottle to make sure it's not a factice. In its packaging and in the shade, a fragrance can survive for many years. If the bottle is sealed and the perfume largely evaporated, it can sometimes be brought back to life by adding alcohol at 90%. Ask to smell it and put it on the skin.

Un parfum qui a tourné sent simplement mauvais. Si seul le parfum vous intéresse et que le flacon est très cher, demandez à le transférer dans un autre récipient. Ne le payez pas plus cher qu'un parfum neuf.

Bonne chance : les trésors cachés de Robert Piguet, Coty, Sauzé, Nicky Verfaillie, Atelier Delteil, Lucien Lelong, D'Orsay, Jacques Fath, Emilio Pucci et tant d'autres vous attendent…

Le symbole ♥ distingue une création exceptionnelle, favori personnel de l'auteur. Le symbole ✽ indique que l'emballage et/ou le flacon sont particulièrement beaux.

A perfume that has turned simply smells bad. If it's only the perfume that interests you and the bottle is very expensive, ask to transfer it to another container. Do not pay more than a new perfume.

Good luck: the hidden treasures of Robert Piguet, Coty, Sauzé, Nicky Verfaillie, Atelier Delteil, Lucien Lelong, D'Orsay, Jacques Fath, Emilio Pucci and many others await you ….

The symbol ♥ distinguishes an exceptional creation and personal favorite of the author. The symbol ❀ indicates that the packaging and/or vial are particularly beautiful.

A

Acasiosa (Caron)

Acasiosa est une de ces éblouissantes « figures obligées » florales qui donnent la mesure des grands compositeurs : ce magnifique jasmin illustre ce que le grand chic, l'accès à des matières premières privilégiées et un classicisme parfait peuvent obtenir, même en terrain connu.

Le jasmin, surtout s'il est proche de la fleur, donne souvent une note opaque et un peu rugueuse qui peut devenir entêtante. Acasiosa est plutôt un jasmin-thé qu'un jasmin-fleur, distillé et clarifié jusqu'à ce qu'il devienne aussi saturé qu'une décoction.

Un grand parfum, tenace et profond.

Sur une femme : très beau parfum de jour,
sur un homme : élégant, très discrètement,
à éviter : en parfum d'été.

Alliage

Alliage, curieusement épelé avec un seul l aux États-Unis, est sans doute, avec Youth Dew, un des plus intéressants parfums de cette grande firme américaine. Datant d'avant la désastreuse mode du bonbon anglais fluorescent qui a tout balayé devant elle, Alliage est au synthétique ce qu'En Avion (Caron) est au naturel : un parfum désinvolte et énergique, bâti autour d'une note très originale rappelant la menthe poivrée, sur un fond sucré qui équilibre sa tendance agressive. Alliage exprime son idée simple et directe dès les premières minutes, et fait preuve d'une excellente ténacité.

Un très bon parfum.

Sur un homme : étonnamment juste, à petites doses,
sur une femme : le jour
à éviter : le soir, le charme.

A

Acasiosa (Caron)

Acasiosa is one of those dazzling floral "compulsory figures" that give the measure of the great perfumers; this magnificent jasmine illustrates what great elegance, access to privileged raw materials, and perfect classicism can obtain, even on known ground.

Jasmine, especially if it is close to the flower, often gives an opaque and slightly raspy note that can become tiresome. Acasiosa is rather a jasmine tea than a jasmine flower, distilled and clarified until it becomes as saturated as a decoction.

A great fragrance, tenacious and deep.
On a woman: very beautiful daytime fragrance,
on a man: elegant when worn very discreetly,
to be avoided: as a summer fragrance.

Alliage

Alliage, curiously spelled with only one *l* in the United States, is undoubtedly, with Youth Dew, one of the most interesting perfumes of this great American firm. Dating from before the disastrous fashion for fluorescent English boiled sweets that swept everything away before it, Alliage is to the synthetic what En Avion (Caron) is to the natural: a casual and energetic fragrance, built around a very original note reminiscent of peppermint, on a sweet background that balances its aggressive tendency. Alliage expresses its simple and direct idea from the first minutes, and demonstrates an excellent tenacity.

A very good perfume.
On a man: surprisingly right, in small doses,
on a woman: daytime,
to be avoided: evening, seduction.

Alpona (Caron)

L'écorce d'orange est le *sol* de la parfumerie : à la fois soleil et dominante harmonique de la gamme de do. Peu de parfumeurs ont osé construire un parfum autour de cette note, appétissante mais indigeste, qui pique les yeux et rougit les lèvres des enfants. On la retrouve parfois orchestrée en grande confiserie (New York, De Nicolaï) ou en serre tropicale (Montaigne, Caron). Alpona lui rend sa tonalité résineuse de fruit caché dans le feuillage sombre sous le brûlant soleil de Sicile.

Un parfum riche, souriant et dur de cavalière intrépide.

Sur un homme : impeccable, hespéridé, si mis une heure a l'avance,
sur une femme : trente ans sans complexes,
à éviter: fourrures, etc.

Amarige (Givenchy)

Laiteux, opaque et brutal comme un fleuve rendu furieux par une crue destructrice, Amarige nous avertit d'une effroyable conflagration survenue en amont dans une usine de parfums. Jamais mélange synthétique n'a atteint un tel degré de méchanceté.

Comment une maison d'ordinaire si élégante a-t-elle pu faire un tel écart?

✔ Ambre (Tan Giudicelli)

Noble et suave parfum de marché oriental, rehaussé par des bribes de vieil or qui en font une sorte de Bal à Versailles patiné. Recommandé.

✔ Ambre Sultan (Shiseido)

À l'heure où le monde fait son deuil des terres inconnues et où les parfumeurs du Grand Souk d'Alep se fournissent en Suisse, il est dans l'ordre des choses qu'un Orient intérieur et fastueux s'invente à Paris, et cela par la volonté d'un parfumeur japonais.

Au contraire de Sables (Annick Goutal), dont le départ d'herboriste préludait à un baume un peu tiède, la sombre échoppe d'Ambre Sultan efface, comme aux temps anciens, la frontière entre arômes et remèdes.

À porter comme une fumée dont on serait la braise. Disponible exclusivement aux Salons Shiseido du Palais-Royal à Paris.

Sur un homme: Serge Diaghilev,
sur une femme : déçue par les orients petits et moyens,
à éviter : babs et nababs.

Alpona (Caron)

Orange peel is the *sol* of perfumery: both in the sense of the sun and the dominant harmonic of the C-major scale. Few perfumers have dared to build a perfume around this note, appetizing but indigestible, which stings the eyes and reddens children's lips. It is sometimes found as part of the orchestration of a large confectionery (New York, De Nicolai) or a tropical greenhouse (Montaigne, Caron). Alpona gives it the resinous hint of fruit hidden in dark foliage under burning Sicilian sunshine.

A rich, smiling and severe perfume, for an intrepid horsewoman.
On a man: impeccable, hesperidic, if applied an hour in advance,
on a woman: in her thirties, no worries,
to be avoided: in furs, etc.

Amarige (Givenchy)

Milky, opaque and brutal as a river enraged by a destructive flood, Amarige gives warning of a horrifying conflagration occurring in a perfume factory upstream. Never before has a synthetic mixture reached such a degree of nastiness.

How could such an ordinarily elegant house have stumbled so badly?

✔ Ambre (Tan Giudicelli)

Noble and sweet scent of an Arab market, enhanced by tatters of old gold that give a sort of Bal à Versailles with a patina. Recommended.

✔ Ambre Sultan (Shiseido)

At a time when the world mourns the end of unknown lands, and the perfumers of the Great Souk of Aleppo provision themselves in Switzerland, it is in the order of things that a sumptuous, internal Orient is invented in Paris, and this by the will of a Japanese perfumer.

Unlike Sables (Annick Goutal), whose herbalist beginning was the prelude to a tepid balsam, the dark market stall of Ambre Sultan erases, as in ancient times, the border between fragrances and remedies.

Wear it as if it were smoke and you an ember. Available exclusively at the Shiseido Salons of the Palais-Royal in Paris.
On a man: Serge Diaghilev,
on a woman: disappointed by Orients near and far,
to be avoided: by hippies and princes.

Anaïs Anaïs (Cacharel)

Ce fleuri frais, favori des jeunes filles et nappé de romantisme flou, a marqué son époque et continue, quatorze ans après sa sortie, de faire référence. Sa note irisée, bon marché et un tantinet chimique a été très imitée. Un peu salle de bains, mais pas mal.

✔ ♥ ✿ Angel (Mugler)

La rumeur voulait qu'Angel fût un parfum au chocolat de tendance enfantine. On tend la joue dans l'attente d'un câlin, pour mieux prendre en pleine figure la gifle qu'Angel administre aux naïfs qui croient aux dossiers de presse.

L'effet de surprise est total : Angel révolutionne la taxinomie des ingrédients de la confiserie en adoptant le point de vue du chimiste ou du botaniste, c'est-à-dire en faisant table rase des habitudes gustatives, comme l'emboîtement chocolat-vanille-fruit. Le chocolat est vu ici sous son angle camphré, comme dans le *mole poblano* mexicain. Il forme ainsi un tenon boisé avec un fruit résineux rappelant la mangue. Celle-ci se fond avec une note métallique, à mi-chemin entre la pomme et le couteau qui la coupe, qui amène à une senteur de fougère intense, et revient au chocolat par un chemin creux de notes terreuses.

La fougère donne la clef de ce parcours d'une rare intelligence : Angel est le quatrième de la lignée fondée par Fougère Royale (Houbigant), Canoé (Dana) et Brut (Fabergé). Il a la pâleur et l'insolence de ses ancêtres, mais en plus glorieux. Un très grand parfum.

Attention ! Angel est extraordinairement fort, surveillez la dose, surtout du parfum.

Les flacons sont tous beaux. Mon préféré est l'étoile couchée comme une espèce marine.

Sur un homme : impeccable à très petites doses,

sur une femme : le soir, sous les néons laiteux, en alternative moderne à Youth Dew (Estée Lauder).

Antæus (Chanel)

Antæus appartient à ce groupe de parfums, tel Krizia Uomo (Krizia) qui ont les premiers exploré des notes camphrées rappelant l'odeur de cèdre et de mine de plomb d'une boîte à crayons.

Anaïs Anaïs (Cacharel)
This fresh floral, a favorite of young girls and swathed in vague romanticism, marked its era and continues, fourteen years after its release, to be the reference. Its iridescent, cheap and slightly chemical note was very much imitated. A bit bathroomy, but not bad.

✔ ♥ ❀ Angel (Mugler)
The rumor was that Angel was a childlike chocolate scent. We offer a cheek and wait for a kiss, the better to take the slap in the face that Angel gives to simpletons who believe press kits.

The surprise effect is total: Angel revolutionizes the taxonomy of the ingredients of confectionery by adopting the point of view of the chemist or the botanist, that is to say by making a clean sweep of gustatory habits, such as the interlocking set chocolate-vanilla-fruit. Chocolate is seen here under its camphoraceous angle, as in Mexican *mole poblano*. It connects to a resinous fruit reminiscent of mango. This melds with a metallic note, halfway between an apple and the knife that cuts it, which leads to an intense fragrance of fougère, and returns to chocolate by a sunken lane of earthy notes.

Fougère is the key to this journey of rare intelligence: Angel is the fourth of the lineage founded by Fougère Royale (Houbigant), Canoé (Dana) and Brut (Fabergé). It has the pallor and insolence of its ancestors while being more glorious. A great perfume.

Warning! Angel is extraordinarily strong, so watch the dose, especially of the parfum.

All the bottles are beautiful. My favorite is the star stretched out like a marine creature.

On a man: impeccable in very small doses,
on a woman: in the evening, under milky neon lights, a modern alternative to Youth Dew (Estée Lauder).

Antæus (Chanel)
Antæus belongs to this group of perfumes, such as Krizia Uomo (Krizia), which first explored camphoraceous notes reminiscent of the smell of cedar and graphite in a pencil box.

Toujours dans un style beau garçon studieux et affable, l'actuel Antæus semble moins artificiel que sa première version et évolue vers une note de santal bien sèche et de grande qualité.

Discret, propre et sans problèmes.

Sur une femme : eau de toilette de jour, par exemple comme alternative à un vétiver,

sur un homme : jeune, plutôt en jeans,

à éviter: le style gendre idéal.

❁ Anthracite Woman (Jacomo)

À dessein ou non, l'intéressante ambiguïté du nom sombrement viril et de son bel emballage profilé noir mat d'avion-espion suggère un grand parfum unisexe. Effectivement, il peut être porté indifféremment par hommes et femmes.

Ni fluorescent ni turbocompressé, Anthracite est un parfum diaphane et mélodieux, qui joue sur l'harmonie entre des notes fruitées et une note de cèdre, magistralement assemblées en une construction chatoyante. Sa finale veloutée, tenace et complexe, possède quelque chose de l'atmosphère pensive de Je Reviens (Worth). Bravo!

Sur un homme : eau de toilette distinguée et discrète,

sur une femme : en eau de toilette fraîche,

à éviter : pochette de soie, écusson brodé sur le blazer.

Anthracite Homme (Jacomo)

Peut-être suis-je indûment influencé par les flacons d'Anthracite qui, dans la lignée de Silences de la même maison, sont profilés comme des galets. En tout cas, il me semble que le génie de Jacomo consiste à obtenir des parfums parfaitement lisses, même lorsqu'ils contiennent des notes aiguës. Anthracite Homme parvient pour la première fois à fondre dans un ensemble harmonieux la note de cèdre biblique qu'Antæus (Chanel) explora le premier il y a plus de dix ans. Dans Anthracite, ce roi des Cèdres est bien dégagé et visible dans toute sa hauteur, mais décoré par des guirlandes de fruits.

Excellent, comme d'habitude.

Entre les versions homme et femme, le choix est difficile, sans doute peut-on arriver à un compromis : les jours pairs...

Always in the style of a studious, affable, handsome boy, the current Antæus seems less artificial than its first version and evolves to a dry and high quality sandalwood note.

Discreet, clean and problem-free.

On a woman: daytime eau de toilette, for example as an alternative to a vetiver,

on a man: young, preferably in jeans,

to be avoided: the style of the ideal son-in-law.

❀ Anthracite Woman (Jacomo)

Whether by design or not, the interesting ambiguity of the darkly masculine name and the beautiful, streamlined, black, matte, spy-plane package suggests a great unisex perfume. Indeed, it can be worn equally by men and women.

Neither fluorescent nor turbocharged, Anthracite is a diaphanous and melodious perfume, which plays on the harmony between fruity notes and a note of cedar, masterfully assembled in a shimmering construction. Its velvety finish, tenacious and complex, has something of the pensive atmosphere of Je Reviens (Worth). Bravo!

On a man: distinguished and discreet eau de toilette,

on a woman: as a fresh eau de toilette,

to be avoided: silk pocket square, embroidered badge on the blazer.

Anthracite Homme (Jacomo)

Perhaps I am unduly influenced by the Anthracite bottles which, in the same line as Silences from the same house, are sleek like pebbles. In any case, it seems to me that the genius of Jacomo is to obtain perfectly smooth perfumes, even when they contain sharp notes. Anthracite Homme manages for the first time to meld in a harmonious whole the biblical cedar note that Antæus (Chanel) first explored more than ten years ago. In Anthracite, this king of cedars is clear and visible in all its height, but decorated by garlands of fruits.

Excellent, as usual.

Between the masculine and feminine versions, the choice is difficult, but without doubt we can reach a compromise: on even days....

♥ Après l'Ondée (Guerlain)

Divinement nommé, prototype du parfum froid et mélancolique, cette étonnante création est le pendant exact, le jeune frère diurne et frais du mystérieux L'Heure Bleue (Guerlain). Après l'Ondée évolue peu dans le temps : sa note centrale blanche, caressante et vénéneuse comme l'odeur des noyaux de pêche, s'impose d'emblée et garde son mystère à jamais. Sa simplicité, sa lancinante nostalgie et sa beauté sans ornement en font un cas à part dans la production de Guerlain.

L'actuelle eau de toilette apparaît un peu atténuée, plus timide que le merveilleux parfum : choisissez ce dernier.

Sur une femme : qui aime l'hiver,
à éviter : brune piquante.

Armani Homme (Giorgio Armani)

Eau de toilette « virile » sans grand intérêt mais relativement riche, qui reprend la note de coriandre de son homologue Cacharel en plus rembourré. Ennui garanti.

Aromatics Elixir (Clinique)

On se laisse bercer : le nom est alléchant pour ceux qui attendent d'un parfum une hypostase alchimique plutôt que de menus plaisirs. Le flacon, d'une sobriété parfaite, suggère un louable intérêt pour le contenu aux dépens de l'image. L'odeur débute sur un concert séraphique de notes propres, florales et épicées. Mais que chantent donc ces anges? A l'écoute, on reconnaît des bribes d'un traité de chimie organique! Tiens, les anges ont disparu… Mais qui est cette femme vêtue de blanc, au brushing argenté impeccable, qui descend du ciel en souriant comme une présentatrice de TV Atlantide? C'est Youth Dew! On se réveille en sursaut.

✔ ❀ Arpège (Lanvin)

Comme son cousin éloigné Calèche (Hermès), le célèbre Arpège vient d'être refait et « modernisé », mais pour une fois de façon respectueuse. Le flacon-boule est somptueux, la présentation luxueuse et le nouveau parfum parfaitement propre, lisse et velouté : une appétissante peau de pêche hâlée. La maison insiste beaucoup sur le fait qu'elle n'a utilisé que des ingrédients naturels et précieux proches de la formule d'origine.

♥ Après l'Ondée (Guerlain)

Divinely named, the prototypical cold and melancholy perfume, this astonishing creation is the exact counterpart, the young, diurnal and fresh brother of the mysterious L'Heure Bleue (Guerlain). Après l'Ondée evolves little in time: its central white note, caressing and poisonous as the smell of a peach stone, imposes itself from the start and keeps its mystery forever. Its simplicity, aching nostalgia, and unadorned beauty make it an outlier in Guerlain's production.

The current eau de toilette appears a little attenuated, more reserved than the wonderful perfume: choose the latter.

On a woman: who loves winter,
to be avoided: feisty brunette.

Armani Homme (Giorgio Armani)

A "virile" eau de toilette without much interest but relatively rich, which repeats the coriander note of its counterpart Cacharel with more padding. Boredom guaranteed.

Aromatics Elixir (Clinique)

Let yourself be lulled: the name is tantalizing for those who expect from perfume an alchemical hypostasis rather than small pleasures. The bottle, with its perfect restraint, suggests a commendable interest in the content at the expense of the image. The smell begins with a seraphic concert of clean, floral and spicy notes. But what are these angels singing? Listening, we recognize bits of a treatise of organic chemistry! Here, the angels have disappeared …. But who is this woman dressed in white, the blow-dried silver coiff impeccable, who descends from heaven smiling like a presenter on TV Atlantide? It's Youth Dew! We wake up with a start.

✔ ✿ Arpège (Lanvin)

Like its distant cousin Calèche (Hermès), the famous Arpège has just been redone and "modernized," but for once in a respectful way. The spherical bottle is sumptuous, the presentation luxurious and the new perfume perfectly clean, smooth, and velvety: an appetizing, tanned, peach skin. The house insists heavily on the fact that it has only used natural and precious ingredients close to the original formula.

Mais alors, pourquoi l'avoir changée? Très bien tout de même, dans un style reposant et serein.

La boule au bouchon doré est disponible en noir et en transparent.

Sur une femme : en musique de fond, comme alternative au plus friand Que sais-je (Patou),

sur un homme : le plus facile à porter des grands aldéhydes.

✔ Asja (Fendi)

Asja démarre sur une note de rondelles d'ananas au sirop qui en ferait en principe un fruité. Mais la chimie moderne permet une telle saturation des couleurs que le sirop prend une allure caramélisée de vernis, sur un fond épicé-oriental typiquement italien. Pas mal, mais trop sombre et un peu confus : Le Parfum (Sonia Rykiel) montre comment il fallait s'y prendre.

Azzaro Pour Homme (Azzaro)

Azzaro Pour Homme illustre un phénomène encore mal compris : le coup de foudre suivi de relatif désenchantement qui se produit souvent avec les parfums modernes. Lors de sa sortie au début des années 80, Azzaro Pour Homme innovait dans un style dépouillé et futuriste. Ses notes chaudes et cuivrées, sa structure anguleuse et transparente provoquaient la même surprise qu'un objet de matériau synthétique que l'on croit taillé dans du métal et qui se révèle ne peser qu'une fraction du poids attendu. Le temps dilue la surprise et efface l'impression initiale : Azzaro Pour Homme paraît aujourd'hui un peu sommaire, mais garde une étonnante physionomie.

Intéressant flacon biseauté qui correspond bien au parfum.

But then, why change it? Very good all the same, in a relaxing and serene style.

The round bottle with the golden cap is available in black and in transparent glass.

On a woman: as background music, as an alternative to the sweeter Que sais-je ? (Patou),

on a man: the easiest to wear of the great aldehydic fragrances.

✔ Asja (Fendi)

Asja starts on a note of pineapple slices in syrup which would in principle make it fruity. But modern chemistry allows such a saturation of colors that the syrup takes on a caramelized appearance of varnish, on a typical Italian spicy-oriental background. Not bad, but too dark and a little confused: Le Parfum (Sonia Rykiel) shows how it should be done.

Azzaro Pour Homme (Azzaro)

Azzaro Pour Homme illustrates a still poorly understood phenomenon: the infatuation followed by relative disenchantment that often occurs with modern perfumes. When released in the early 1980s, Azzaro Pour Homme was novel in a stripped down and futuristic style. Its warm, coppery notes and its angular, transparent structure caused the same surprise as an object of synthetic material that you believe to be cut from metal, yet which seems to weigh only a fraction of the expected weight. Time dilutes the surprise and erases the initial impression: Azzaro Pour Homme today seems a little sketchy, but its features still surprise.

Interesting beveled flacon, which is a good match for the fragrance.

B

♥ ✿ **Bal à Versailles (Jean Desprez)**

Aussi justement nommé qu'un tableau de Magritte, Bal à Versailles est habité par un esprit téméraire et grandiose. Comme une beauté radieuse en robe de bal qui danserait pieds nus sous un feu d'artifice, il se joue des pièges de l'excès et de la vulgarité, et montre à la fois la scène et les coulisses d'une grande fête. Soyez patients, il ne livre son message que par bribes.

Délicieux emballage. Existe en minuscule et précieux huitième d'once. Choisissez le parfum de préférence à l'eau de toilette.

Le jour aussi, mais à petites doses, comme lointaine musique de fond.

Balahé (Léonard)

Tous les parfums Léonard méritent d'être mieux connus qu'ils ne le sont actuellement. Bien distribués sans grand tapage publicitaire, habillés un peu « rétro », de facture très riche avec une prépondérance d'ingrédients naturels, ils continuent obstinément la grande tradition française.

Le propre de Léonard est de découvrir des facettes inattendues et intéressantes dans des domaines qui pouvaient sembler avoir déjà tout donné. Balahé, par exemple, crée un espace à mi-chemin entre l'ambiance sensuelle de L'Heure Bleue (Guerlain) et le brocart rose et or de Habanita (Molinard). S'il existait une orange géante de couleur pourpre, elle entrerait sans doute dans la composition de Balahé. Un grand parfum. Étonnant flacon noir kitsch portant en creux un rocher fractal. Utilisez de préférence l'extrait.

Sur un homme : parfait équilibre poivré-sacré, à petites doses,
sur une femme : en parfum de jour.

B

♥ ✿ **Bal à Versailles (Jean Desprez)**

As aptly named as a Magritte painting, Bal à Versailles is inhabited by a reckless and grandiose spirit. Like a radiant beauty in a ballgown who dances barefoot under fireworks, it flirts with excess and vulgarity, displaying both the stage and the backstage of a great celebration. Have patience: its message is delivered bit by bit.

Delightful packaging. Exists in a tiny and precious eighth of an ounce. Choose the parfum in preference to the eau de toilette.

For daytime use also, but in small doses, like distant background music.

Balahé (Léonard)

All Léonard perfumes deserve to be better known. Well distributed without much fanfare, in "retro" dress, richly fashioned with a preponderance of natural ingredients, they stubbornly continue the great French tradition.

Léonard's talent is to discover unexpected and interesting facets in domains that may seem to have already been exhausted. Balahé, for example, creates a space halfway between the sensual ambience of L'Heure Bleue (Guerlain) and the pink and gold brocade of Habanita (Molinard). If there existed a giant orange that happened to be purple, it would probably enter the composition of Balahé. A great fragrance.

Astonishing kitschy black flask with a hollow in the shape of a fractal rock. Best to choose the extrait.

On a man: perfect pepper-sugar balance, in small doses,
on a woman: daytime fragrance.

Balenciaga Homme (Balenciaga)

Balenciaga Homme, c'est le patchouli au carnaval de Venise, son visage de maure caché par une bauta de velours turquoise, méconnaissable jusqu'au moment où, loin de la foule, il se laisse enfin découvrir.

Un grand parfum qui arrondit en cabochon des arêtes olfactives que l'on croyait vives.

Impeccable parfum féminin, sensuel et raffiné.

Bandit (Piguet)

Piguet n'est pas mort, Piguet est de retour! Cette nouvelle ne peut que combler l'aficiòn endeuillée de ce parfumeur hors classe. Bandit et Fracas sont revenus des États-Unis où ils étaient à l'ombre. Le nouveau Bandit, après un départ inquiétant, est proche de l'original mais comme « mis à plat » : tout le monde est là, mais au lieu d'un Caravaggio on a une photo de classe.

Bravo quand même : ce génial parfum de néon jaune sur fond brun illustre parfaitement le goût hardi, bigarré et félin de Robert Piguet. Rival implacable de son successeur Cabochard (Grès), Bandit fera trembler nombre de créations chichiteuses et factices de la parfumerie prétendument « sexy » des dix dernières années. Indispensable. Comme certaines bières, Bandit existe maintenant en version « light », à éviter soigneusement.

Sur un homme : gare!

sur une femme : à portée de la main, dans la boîte à gants à condition que celle-ci contienne des gants.

✔ Basala (Shiseido)

Après maintes péripéties dont un changement de nom, le très attendu Basala se révèle être une eau de toilette masculine sage dans la lignée bois-thé de Monsieur Rochas, avec une petite note de cuir qui rappelle Bel Ami première version. Pas mal, mais décevant de la part de ce parfumeur souvent audacieux.

Beautiful (Estée Lauder)

Ce parfum est bien décrit par un néologisme surgi lors d'une coquille providentielle : sucré, vaporeux et baroque comme une meringue rose, il est « édulcoloré ». Beautiful fait un long travelling avant dans une confiserie

Balenciaga Homme (Balenciaga)

Balenciaga Homme is patchouli at the carnival of Venice, his Moorish face hidden by a bauta of turquoise velvet, unrecognizable until, far from the crowd, he allows himself to be unmasked at last.

A great fragrance that rounds sharp olfactory edges into a smooth cabochon.

Flawless feminine fragrance, sensual and refined.

Bandit (Piguet)

Piguet is not dead, Piguet has come back! This news can only fill with joy the bereft fans of this outstanding perfumer. Bandit and Fracas have returned from the United States where they had been in darkness. The new Bandit, after a disturbing top note, is close to the original but as if "flattened": everyone is there, but instead of a Caravaggio we have a class photo.

Bravo anyway: this brilliant perfume of neon yellow on a brown background perfectly illustrates the bold, multicolored, and feline taste of Robert Piguet. A relentless rival of its successor Cabochard (Grès), Bandit will make many of the flashy and contrived creations of the allegedly "sexy" perfumery of the last ten years shake in their boots. Essential. Like some beers, Bandit now exists in "light" version, to be carefully avoided.

On a man: watch out!

on a woman: to have ready at hand, in the glove box, provided that it contains gloves.

✔ Basala (Shiseido)

After many adventures, including a name change, the long-awaited Basala proves to be a sensible masculine eau de toilette in the tea-wood line of Monsieur Rochas, with a small note of leather that recalls the first version of Bel Ami. Not bad, but a disappointment coming from this often daring perfumer.

Beautiful (Estée Lauder)

This perfume is well described by a neologism derived from a providential typo: sugary, hazy and baroque like pink meringue, it is "cloyorful." Beautiful begins with a long tracking shot through a candy shop

pleine de douceurs bariolées entre fleur et fruit, et s'arrête juste au moment où l'on comprend à quoi il veut en venir : au plan fixe de son successeur Trésor (Lancôme).

Plutôt jeune fille.

❀ Bel Ami (Hermès)

Original et casse-cou par son refus de la douceur, Bel Ami renouvelle la formule du parfum d'homme qui se languissait dans les clichés. Sec, clair et crépitant, sans velléités viriles, il ose la voie du synthétique simple sans rembourrage et atteint un étonnant équilibre entre cuir et citron. Hermès a cru bon d'atténuer légèrement l'intensité de la formule originale en modifiant les notes hespéridées. Dommage, mais rien d'irréparable.

Une réussite de l'intelligence, un parfum d'avenir.

Superbe flaconnage.

Sur une femme : eau de toilette de jour,
à éviter : par les très jeunes.

Bois des Îles (Chanel)

Fait partie des triomphales rééditions de Chanel. Après un départ presque médicinal, il devient très friand et suggère, plus que toute autre chose, un magique vin chaud qui guérirait des maux de ce monde.

Un parfum tropical, que l'on aimerait sentir par grand froid, niché au coeur d'une fourrure arctique.

Les amateurs de Fleurs des Comores (Maître Gantier) y reconnaîtront un surprenant air de famille, et seront comblés par la découverte d'une autre face, moins ensoleillée, de la même planète rouge-orangé.

Sur un homme : élégant et désinvolte,
sur une femme : jeune et vive, probablement brune,
à éviter: trop d'or, de bijoux et de bronzage.

Bois du Portugal (Creed)

Bois du Portugal est une sonate pour fruits et bois sur les thèmes du sextuor Habit Rouge (Guerlain). Moins dense, moins sucré que ce dernier, Bois du Portugal montre que l'école « anglaise » de parfumerie, faite d'aquarelles intenses, délicieusement transparentes et naturelles,

full of sweets variously colored like flowers or fruit, and stops just when one understands where it's going: a still shot of its successor Trésor (Lancôme).

Rather for young girls.

❀ Bel Ami (Hermès)

Original and daring for its refusal of sweetness, Bel Ami renovates the formula for men's fragrance, which was languishing in clichés. Dry, clear and crackling, without futile attempts at manliness, it hazards a simple synthetic approach without padding and attains a surprising balance between leather and lemon. Hermès thought it advisable to slightly attenuate the intensity of the original formula by modifying the citrus notes. Too bad, but nothing irreparable.

An achievement of intelligence, a perfume of the future.

Superb bottle.

On a woman: daytime eau de toilette,
to be avoided: by the very young.

Bois des Îles (Chanel)

Part of the triumphal reissues of Chanel. After an almost medicinal top note, it becomes quite sweet, and suggests, more than anything else, a magical mulled wine that could cure the ills of this world.

A tropical scent, which one would like to smell in extreme cold, nestled in the heart of an Arctic fur.

Fans of Fleurs des Comores (Maître Gantier) will recognize a surprising family resemblance, and will be delighted by the discovery of another face, less sunlit, of the same red-orange planet.

On a man: elegant and casual,
on a woman: young and lively, probably brunette,
to be avoided: excessive gold, jewelry and tan.

Bois du Portugal (Creed)

Bois du Portugal is a sonata for fruits and woods on the themes of the sextet Habit Rouge (Guerlain). Less dense, less sweet than the latter, Bois du Portugal shows that the "English" school of perfumery, made of intense, deliciously transparent, and natural watercolors,

ne cède en rien aux huiles françaises, surtout lorsque ces dernières se mettent au genre paysage.

Une très belle réussite, fine, élégante et sans tendance « vieux beau ».

Sur un homme : jeune,
sur une femme : élégante.

✔ Boss Spirit (Hugo Boss)

Élégante décoction de tilleul-menthe, qui surprend au départ par sa note d'herbes fraîchement hachées. Propre et pas vulgaire, ce qui est déjà beaucoup, mais un peu conventionnel.

♥ ❀ Boucheron (Boucheron)

On pourrait dire de Boucheron, comme d'un grand vin jeune, qu'il est « fermé ». Obstinément muet sur un tissu, il reste laconique même à la chaleur de la peau.

Le Golem d'ingrédients synthétiques dont la vigueur est habituellement mal contrôlée devient ici une belle géante, une Athéna chryséléphantine au regard lointain.

Sans être dur, Boucheron émane une impression de force contenue et d'impassible ténacité uniques dans la parfumerie actuelle. Son âme blanche et dense s'effeuille lentement au fil des heures, comme mille pages de papier bible.

Un parfum important et énigmatique, sans doute parmi les meilleurs des cinq dernières années.

La ligne Boucheron est d'un luxe écrasant et superbement monomaniaque.

Le flacon « bague » irait à ravir à la déesse : relisez *La Vénus d'Ille* de Mérimée, et ne dormez pas les fenêtres ouvertes.

❀ Boucheron Homme (Boucheron)

Les trois dernières années ont vu le développement d'un nouveau style d'eau de toilette masculine dont le chef de file serait Égoïste (Chanel) qui renoue avec une esthétique naturelle au génie français, en particulier musical : celle de la transparence, de la complexité orchestrale, de la délicatesse.

is not inferior to French oils, especially when applied to the landscape genre.

A beautiful success, fine, elegant, with no "aging playboy" tendencies. *On a man: young,*
on a woman: elegant.

✔ Boss Spirit (Hugo Boss)
Elegant decoction of linden-mint, which surprises at first by its top note of freshly chopped herbs. Proper and not vulgar, which is already saying quite a lot, but a little conventional.

♥ ❀ Boucheron (Boucheron)
One could say of Boucheron, as of a great young wine, that it is "closed." Obstinately mute on a tissue, it remains laconic even on the heat of the skin.

The Golem of synthetic ingredients, whose vigor is usually poorly controlled, here becomes a beautiful giant, a chryselephantine Athena with a distant look.

Without being severe, Boucheron emanates an impression of contained strength and impassive tenacity unique in current perfumery. Its pale, dense soul slowly sheds over the hours, like a thousand pages of Bible paper.

An important and enigmatic perfume, probably among the best of the last five years.

The Boucheron line is overwhelmingly luxurious and superbly monomaniacal.

The "ring" bottle would delight the goddess: re-read Mérimée's *La Vénus d'Ille,* and do not sleep with the windows open.

❀ Boucheron Homme (Boucheron)
The last three years have seen the development of a new style of men's eau de toilette whose progenitor would be Egoïste (Chanel), which re-establishes an aesthetic that comes naturally to the French, in particular regarding music: that of transparency, orchestral complexity, delicacy.

Tout au contraire de sa grande soeur massive et opaque, Boucheron « Homme » est une aquarelle, ou mieux encore une métope néo-classique de verre dépoli. Cette brusque décroissance des intensités, venant après des eaux de toilette wagnériennes comme Kouros (Saint-Laurent), déconcerte un peu comme si la musique était trop lointaine pour qu'on puisse juger de ses timbres.

Cette école n'est probablement qu'une tentative de contre-réforme : malgré une excellente facture, il n'y a pas, dans l'éclectisme délicat de Boucheron, suffisamment de substance pour susciter un attachement et un souvenir durables. Très belle ligne de produits masculins, dont un agréable déodorant parfumé relativement fidèle à la formule et d'une discrétion parfaite. Flacons magnifiques à bouchon bleu nuit.

Brut (Fabergé)

Pour comprendre Brut, il faut se remémorer ce que nous a coûté d'efforts le changement d'optique qui, dans un musée, nous permet aujourd'hui de passer de Renoir à Lichtenstein sans ressentir une incongruité.

Équivalent olfactif des jeans, à la fois bon marché et précieux, universellement disponible et signe distinctif, Brut, premier parfum pop, a en son temps pulvérisé les règles du bon ton.

Dérivé du frivole et acerbe Canoé (Dana), Brut a été le premier parfum masculin à s'affranchir des clichés boisés ou hespéridés pour jeter les bases d'un nouvel art « pauvre », délibérément brutal, exprimant une esthétique du son amplifié et de la lumière au néon.

Un monument.

Les avatars de son extraordinaire flacon à la fois malingre et paré forment à eux seuls un chapitre du design des vingt dernières années. Ma préférence va bien entendu à l'original, en verre, avec une chaînette autour du cou soutenant un médaillon de métal gris style « carafe ».

Sur un homme : qui ne craint pas de passer pour « vulgaire »,
sur une femme : parfait le jour.

Byzance (Rochas)

Sentir Byzance aujourd'hui, c'est retrouver un visage aimé puis délaissé, au moment même de son aphélie lointain autour du soleil de la mode, c'est-à-dire au point extrême où son orbite s'échappe dans l'oubli ou revient pour un autre tour. Tant de choses se sont passées depuis...

In contrast to its massive and opaque big sister, Boucheron Homme is a watercolor, or even better a neoclassical metope of frosted glass. This sudden decrease in intensity, coming after Wagnerian eaux de toilette like Kouros (Saint-Laurent), is a little disconcerting, as if the music were too far away to judge its timbre.

This school is probably only an attempt at counter-reform: despite an excellent execution, there is not enough substance in Boucheron's delicate eclecticism to arouse attachment or lasting memories. Very nice line of masculine products, including a pleasant perfumed deodorant relatively faithful to the formula and perfectly discreet. Beautiful bottles with midnight-blue cap.

Brut (Fabergé)

To understand Brut, we must bring to mind the effort it took to effect the change of perspective that, in a museum, allows us today to pass from Renoir to Lichtenstein without sensing any incongruity.

The olfactory equivalent of jeans, both cheap and valuable, universally available and a distinctive symbol, Brut, the first pop perfume, has in its time demolished the rules of good taste.

Derived from the lighthearted and bitter Canoé (Dana), Brut was the first male perfume to break free from woody or hesperidic clichés to lay the foundations for a new "crude" art, deliberately brutal, expressing an aesthetic of amplified sound and neon light.

A monument.

The avatars of its extraordinary bottle, at the same time stunted and ornamented, form in themselves a chapter of the design of the last twenty years. My preference of course goes to the original, in glass, with a chain around the neck supporting a medallion of gray metal, in the style of a carafe.

On a man: unafraid of being judged vulgar,
on a woman: perfect for daytime.

Byzance (Rochas)

Smelling Byzance today is like discovering a face loved then abandoned, at the very moment of its distant aphelion around the sun of fashion, which is to say at the extreme point where its orbit either escapes to oblivion or returns for another round. So much has happened since....

L'accélération de l'histoire nous rend déjà cher ce parfum liquide et froid comme un marbre glissant de fontaine, veiné de rose par ses notes épicées. Proche d'Ysatis, mais moins sage.

The rapid pace of history has already made this fragrance into a precious antique, liquid and cold like a smooth marble fountain, veined with pink by spice notes. Close to Ysatis, but less tame.

C

Calèche (Hermès)

Certains grands parfums aldéhydés nous reviennent « modernisés » après un lifting-bronzage-amaigrissement qui fait regretter leurs anciens composants certes plus gras, mais incomparablement plus potelés.

Le nouveau Calèche en « soie » de parfum a été tellement laminé par le traitement rajeunissant que l'on a envie de dire « passez-le-moi sous la porte ».

À la limite de la publicité mensongère.

C'est la vie ! (Christian Lacroix)

Comme son nom l'indique, C'est la vie ! est un cliché fait sur mesure pour le marché international. Agréable comme un concert de klaxons un jour de migraine, original comme une annonce d'aéroport et discret comme un bris de vitrine, C'est la vie ! est une imposture, un sent-bon de gare vendu le prix d'un vrai parfum.

♥ Cabochard (Grès)

Cabochard est un prodige de complexité. À l'occasion, car c'est un parfum capricieux, Cabochard s'amuse à rappeler les senteurs de rouge à lèvres, de poudre de riz et de laque pour cheveux portés par la femme invisible qui l'habite. Parfois, son sillage opalin et crissant suscite un instant un visage estompé par une voilette.

Parfois encore, comme si l'inconnue nous devenait familière, surgit de son flacon un tableau intime : un matin, un tailleur jaune jeté sur un lit défait, un peu de la vie secrète d'une Parisienne sans âge et sans illusions.

Le parfum est très supérieur à l'eau de toilette, trop légère. Cabochard a un peu baissé ces dernières années, achetez l'ancien si vous le trouvez.

❀ Cabotine (Grès)

Censément mis au point par la technique des « fleurs vivantes » qui consiste à capter les effluves d'une fleur (ici, au dire du parfumeur, le ginger lily) pour les reproduire après analyse dans leur richesse

C

Calèche (Hermès)

Some great aldehydic perfumes come back to us "modernized" after a facelift-tan-diet combo that makes us miss their old components as certainly fatter, but incomparably more curvaceous.

The new Calèche in *"soie"* de parfum has been so slimmed down by rejuvenating treatment that one wants to say, "Slip it to me under the door."

At the very limit of false advertising.

C'est la vie ! (Christian Lacroix)

As the name suggests, C'est la vie ! is a cliché made for the international market. As pleasant as a brass band the day of a migraine, as original as an airport announcement, and as discreet as a smashed window, C'est la vie ! is a sham, a spritz from the train station sold at the price of a real perfume.

♥ Cabochard (Grès)

Cabochard is a prodigy of complexity. On occasion, because it is a capricious perfume, Cabochard plays at evoking the scents of lipstick, face powder, and hairspray worn by the invisible woman within it. Sometimes, its clouded and rasping sillage evokes for a moment a face blurred by a veil.

Sometimes, as if this stranger were to become familiar to us, there emerges from her bottle an intimate picture: morning, a yellow skirt suit splayed across an unmade bed, a snippet of the secret life of a Parisienne of no known age and no illusions.

The perfume is far superior to the eau de toilette, which is too light. Cabochard has fallen off a bit in recent years, so buy the old one if you find it.

❀ Cabotine (Grès)

Apparently developed by the "living flower" technique, which consists in capturing the effluent of a flower (here, according to the perfumer, the ginger lily) to be reconstituted by analysis in all its richness

et leurs proportions exactes, Cabotine fait douter des vertus de la chromatographie en phase gazeuse.

Éteint et flou, rappelant confusément une foule d'autres parfums dont Jardins de Bagatelle (Guerlain) et Ysatis (Givenchy), il semble cerné de toutes parts par des impératifs commerciaux.

Grès voulait donner une héritière au divin Cabochard. Hélas, l'enfant est chétive.

Beau flacon à fleurs de pâte de verre.

Calandre (Paco Rabanne)

Calandre fut le premier parfum à introduire une extraordinaire note synthétique, mélange d'amer et de crémeux, qu'il semble évident d'appeler « métallique ».

Moulant et spatial comme une peau d'ange cuivrée, Calandre équilibre l'amertume du « métal » par une note de miel. Calandre a été en son temps une révélation, mais a pu, auprès de son successeur Rive Gauche (Saint-Laurent), faire figure de demi-mesure un peu mièvre. Le temps passant, on s'aperçoit que son interprétation patinée et chaude était très juste. Un grand parfum.

Sur un homme : suave et parfait à très petites doses,
sur une femme qui aime le kitsch armées 70, ou née depuis.

Calyx (Prescriptives)

Calyx est un amoncellement de notes acides, fruitées et iridescentes dominées par un pamplemousse soufré qui sent un peu le salon de coiffure. Associé à une ligne de soins lustrale, il se veut pur, nu et démaquillé. Paradoxalement, malgré sa richesse et son prétendu naturel, il donne une impression de maniaquerie hygiénique plutôt que de netteté et fait penser à ces intérieurs de Villas champêtres faussement bucoliques, truffés de cretonnes coordonnées et de couronnes tressées, où l'on ne doute pas un instant que les fruits dans la corbeille ne soient incomestibles.

Canoé (Dana)

Le vrai « poison », ce n'est pas la compote enluminée du même nom que Dior nous inflige, c'est cette vivace et laiteuse odeur d'ombelle vénéneuse que la parfumerie a choisi d'appeler du nom flatteur de « fougère »

and exact proportions, Cabotine makes us doubt the virtues of gas chromatography.

Lifeless and vague, vaguely reminiscent of a host of other perfumes including Jardins de Bagatelle (Guerlain) and Ysatis (Givenchy), it seems surrounded on all sides by commercial imperatives.

Grès wanted to give an heiress to the divine Cabochard. Alas, the child is stunted.

Beautiful bottle made of pâte de verre.

Calandre (Paco Rabanne)

Calandre was the first perfume to introduce an extraordinary synthetic note, both bitter and creamy, which it seems obvious to call "metallic."

Form-fitting and futuristic like a coppery angel's skin, Calandre balances the bitterness of "metal" with a note of honey. In its day, Calandre was a revelation, but next to its successor Rive Gauche (Saint-Laurent), it could seem a little mawkish. With the passage of time, its polished, warm rendition appears to have been correct. A great fragrance.

On a man : debonair and perfect in very small doses,
on a woman : who loves the kitsch of the 1970s, or was born since.

Calyx (Prescriptives)

Calyx is a pile-up of acidic, fruity and iridescent notes dominated by a sulfurous grapefruit that smells a little like a hair salon. Associated with a lustral skincare line, it intends to be pure, naked and cleansed. Paradoxically, despite its richness and supposed naturalness, it gives an impression of hygienic mania rather than cleanliness and is reminiscent of the falsely bucolic interiors of rural villas, full of coordinated chintzes and braided wreaths, where there is never a doubt that the fruits in the basket are inedible.

Canoé (Dana)

The true "poison" is not the gilded marmelade of the same name that Dior inflicts upon us but this persistent, milky smell of toxic umbel, to which perfumery has chosen to give the flattering name of "fern"

pour cacher son origine synthétique. Descendant, dit-on, du légendaire Fougère Royale (Houbigant) et ancêtre à son tour de Brut (Fabergé), Canoé est anguleux et tendu comme un Pégase Art Déco.

Les fanions de hauban qui épèlent son nom sur le flacon claquent dans une atmosphère électrique et bleutée de régate par temps de mistral.

Un parfum à porter avec de la flanelle blanche.

Rares mais pas introuvables et très bon marché, les parfums Dana (Canoé et Tabu) méritent un retour triomphal.

Chamade (Guerlain)

Une note de départ verte et anodine donne le coup d'envoi un miracle qui se produit sur plusieurs heures, voire plusieurs jours. Lorsque la brume initiale se dissipe, apparaît peu à peu une forme splendide d'un seul tenant, lisse et sans soudure, une puissante note blanche, poudreuse et sculpturale qui va en se renforçant sans simplifier ni s'appauvrir jusqu'à l'évaporation complète.

Typiquement Guerlain par son caractère flatteur et tendre, Chamade est néanmoins un parfum altier, pur et distant, aux antipodes du chic un peu canaille de Jicky et de Shalimar.

Sa ténacité est prodigieuse, on le croirait conçu pour être senti deux jours après; mettez-le donc deux bonnes heures avant de lui demander de faire son effet.

Un chef-d'oeuvre de chic et de poésie, un des plus grands parfums de tous les temps.

Chamade perd son ♥ cette année, car Guerlain a cru bon d'abîmer la note finale par l'ajout d'une note synthétique incongrue et lassante.

Arrière toute !

✔ Yves Saint-Laurent (ex-Champagne)

Selon la tendance actuelle, Champagne est un parfum *decrescendo* qui se débat quelques minutes avant de se soumettre docilement à l'érosion du temps. L'attachant accord initial de fruit blet et de noix rappelle plutôt un fond de Meursault senti un lendemain de fête qu'un mousseux frappé, mais cela ne dure qu'un instant. Lassé avant l'heure,

to hide its synthetic origin. A descendant, it is said, of the legendary Fougère Royale (Houbigant) and ancestor in turn of Brut (Fabergé), Canoé is angular and tense like an Art Deco Pegasus.

The rigged pennants, which spell its name on the bottle, flap in the bluish electric atmosphere of a regatta in the mistral.

A perfume to wear with white flannel.

Rare but not impossible to find, and very cheap, the perfumes of Dana (Canoé and Tabu) deserve a triumphant return.

Chamade (Guerlain)

A green, harmless top note kick-starts a miracle that takes place over hours or even days. When the initial fog dissipates, a shape appears all of one piece, smooth and seamless, a powerful white, powdery, sculptural note that grows stronger without simplifying or depleting itself until its evaporation is complete.

Typical of Guerlain by its flattering and tender character, Chamade is nevertheless a proud, aloof perfume, at the antipodes of the slightly rakish chic of Jicky and Shalimar.

Its tenacity is so prodigious, one would think it designed to be smelled two days later; therefore, put it on a good two hours before you wish it to take effect.

A masterpiece of chic and poetry, one of the greatest perfumes of all time.

Chamade loses its ♥ this year, because Guerlain has seen fit to spoil the final note by adding an incongruous and tiresome synthetic note.

Full speed astern!

✔ Yves Saint-Laurent (ex-Champagne)*

In line with the current trend, Champagne is a *decrescendo* fragrance that struggles a few minutes before obediently submitting to the erosion of time. The appealing initial accord of overripe fruit and nuts rather recalls the dregs of a Mersault experienced the day after a party than an iced bubbly, but it only lasts a moment. Exhausted before time,

---

* Though the original French edition lists the name of the fragrance here as Yves Saint-Laurent, the perfume was first called Champagne then re-named Yvresse. The alphabetization was not corrected..

Champagne se laisse choir dans une finale couleur chair de vieux chypré indatable.

Cet abandon est un aveu d'impuissance. Le lent dégagement de l'idée cachée au cœur de notes de tête anodines, qui faisait le mystère de Chypre (Coty, 1917) refuse de se produire, le charme est inopérant. De fait, Y figurait déjà en 1964 comme ultime rayon vert de l'astre chypré sombrant derrière l'horizon.

Curieusement, cette citation d'une citation qu'est Champagne rejoint aînés qui ont trahi. Modernisés, les parfums de l'Age d'Or (Miss Dior, Arpège, Calèche, Femme) ressemblent désormais aux décors de *An American in Paris* : on dirait que leur belle France a bleui dans une vitrine. Peut-être, pour une génération qui n'a jamais senti un vrai chypré fruité comme Diorama, Champagne sera-t-il une élégie. Pour moi, c'est une épitaphe.

Chant d'Arômes (Guerlain)

Ce parfum merveilleux et méconnu occupe une place à part dans la production Guerlain, et dans le cœur de ceux qui l'apprécient. Son teint de pêche et de rose, son refus du bruit et de la vulgarité, sa poésie intime et un peu désuète lui donnent une personnalité d'autant plus attachante qu'elle nous demande d'abord de ralentir notre pas.

J'ai dit à quel point le rapport entre parfum et féminité me semblait le plus souvent forcé et niais. Mais ici, pas de doute : Chant d'Arômes est une femme, toute douceur, réserve et tendresse. Raison de plus pour que les hommes le portent et s'en inspirent !

Depuis la première édition de ce guide, Guerlain a hélas modernisé Chant d'Arômes. Cet acte de vandalisme nous a ôté un des plus beaux portraits de la parfumerie.

✔ Chevignon (Chevignon)

Cas convulsif de glossolalie anglo-saxonne, le look Chevignon s'attaque maintenant à l'odorat. Le parfum est centré sur la note d'huîtres qui fait actuellement fureur, agrémentée ici d'un vinaigre aux herbes de Provence. À sentir une fois.

Champagne collapses into a flesh-toned finale of old, undatable chypre.

This capitulation is an admission of impotence. The slow reveal of an idea hidden within anodyne top notes, responsible for the mystery of Chypre (Coty, 1917), never occurs; the spell is a dud. In fact, already in 1964, Y embodied the ultimate green ray of the chypre star sinking below the horizon.

Curiously, this quotation of a quotation that is Champagne joins its turncoat elders. Modernized, the perfumes of the Golden Age (Miss Dior, Arpège, Calèche, Femme) now look like the sets of *An American in Paris:* it's as if their beautiful France has faded to blue in a shop window. Perhaps, for a generation that has never smelled a true fruity chypre like Diorama, Champagne will be an elegy. For me, it's an epitaph.

Chant d'Arômes (Guerlain)

This wonderful and underrated perfume occupies a special place in Guerlain's line and in the hearts of those who appreciate it. Its coloring of peach and pink, its rejection of noise and vulgarity, its intimate and slightly old-fashioned loveliness give it a personality all the more endearing for its request that from the start we slow our pace.

I have said how the relationship between perfume and femininity often seemed to me forced and inane. But here there is no doubt: Chant d'Arômes is a woman, all sweetness, reserve, and tenderness. All the more reason for men to wear it and be inspired!

Since the first edition of this guide, Guerlain has unfortunately modernized Chant d'Arômes. This act of vandalism has taken from us one of the most beautiful portraits in perfumery.

✔ Chevignon (Chevignon)

A convulsive case of Anglo-Saxon glossolalia, the Chevignon look is now taking on the sense of smell. The fragrance is centered on a note, currently all the rage, of oysters, here embellished with vinegar infused with Provençal herbs. To be smelled once.

❀ Chloé (Lagerfeld)

Avec sa note de tubéreuse placée dans un contexte très classique, propre et élégant, Chloé semble la soeur bien mariée de l'intrépide Fracas (Piguet). Sa remarquable construction d'une grande richesse possède également un côté savonneux qui attirera les amateurs (dont je suis) du parfum irrémédiablement bon chic.

Élégant flacon sphérique au bouchon dépoli figurant deux arums.

Cinnabar (Estée Lauder)

Estée Lauder avait dans son arsenal cette formidable note goudronneuse qui, dans un contexte classique, avait fait le charme étrange de Youth Dew. Après l'explosion épicée inaugurée par Opium (Saint-Laurent), il devenait possible de réutiliser cette signature de la maison, entourée cette fois de sœurs tout aussi sombres et brûlantes. Cinnabar est un parfum si intensément balsamique qu'on s'étonne de le trouver dans un flacon plutôt que sous forme de bloc noir portant un sceau chinois et enveloppé dans une feuille de lotus. Difficile à porter, comme son prédécesseur, Cinnabar est peut-être l'oriental le plus exotique de la parfumerie actuelle.

Sur une femme : le soir,
à éviter: la grosse dose au restaurant.

Clandestine (Guy Laroche)

Liquoreux, macéré et artificiellement coloré comme une griotte dans l'eau-de-vie, Clandestine ressemble à Loulou (Cacharel) mais en moins brutal, plus symétrique et donc plus conventionnel.

Ce qui le rend intéressant, c'est son atmosphère robuste et potelée de sent-bon sucré années 30, légèrement relevée par la fluorescence des notes synthétiques. Sans être mémorable, ce parfum un peu canaille a un charme à la fois anonyme et personnel. Bien fait et attachant. Comme alternative seyante et sexy à l'omniprésent Shalimar (Guerlain).

À éviter: le style poupée.

✿ Chloé (Lagerfeld)

With its tuberose note placed in a very classic, clean, and elegant context, Chloé seems to be the well-married sister of the intrepid Fracas (Piguet). Its remarkably opulent construction also possesses a soapy side, which will attract lovers (including myself) of hopelessly posh perfume.

Elegant spherical bottle with a frosted cap representing two arums.

Cinnabar (Estée Lauder)

Estée Lauder kept in her arsenal this formidable tarry note, which, in a classical context, was responsible for the strange charm of Youth Dew. After the spice explosion inaugurated by Opium (Saint-Laurent), it became possible to reuse this signature of the house, this time surrounded by sisters just as dark and smoldering. Cinnabar is a fragrance so intensely balsamic that it is surprising to find it in a bottle rather than as a black block with a Chinese seal wrapped in a lotus leaf. Hard to wear, like its predecessor, Cinnabar is perhaps the most exotic oriental of current perfumery.

On a woman: in the evening,
to be avoided: a large dose in a restaurant.

Clandestine (Guy Laroche)

Boozy, macerated, and artificially colored like a morello cherry in brandy, Clandestine is like Loulou (Cacharel) but less brutal, more balanced, and therefore more conventional.

What makes it interesting is its robust, curvaceous vibe of a sugary *sent-bon* of the 1930s, relieved a little by the fluorescence of synthetic notes. Without being memorable, this slightly mischievous scent has a charm both anonymous and personal. Well done and endearing. A seductive and sexy alternative to the ubiquitous Shalimar (Guerlain).

To be avoided: the Betty Boop style.

---

*   A *sent-bon* is a pleasant, cheap little scent, such as you might buy for a fiver in a drugstore.

Coco (Chanel)

Élégante goélette à coque noire cinglant toutes voiles dehors dans le sillage du formidable brise-glace Opium (Saint-Laurent), Coco apparaît maintenant, avec le recul des années, comme le plus réussi des épicés orientaux. À la fois résineux et fruité, parfaitement fondu, flatteur, Coco ne laisse aucun de ses ingrédients, pourtant rétifs et bruyants, prendre le dessus.

Son chic bien parisien fait de matières précieuses et de paillettes résiste au temps et s'estompe avec une grâce remarquable.

Un grand parfum qui sait faire fête.

Une récente campagne publicitaire semble s'orienter vers un public plus jeune fille qui lui correspond assez bien.

À utiliser plutôt de jour, à petites doses comme épicé léger.

Colony (Patou)

Les rééditions Patou sont un événement comparable à la redécouverte de la musique baroque jouée sur instruments anciens, à ceci près que les *concerti grossi* de Patou se déchaînent tour à tour dans le jazz bariolé et le néo-classique aigre-doux. Et aucun musicologue pédant ne s'interpose entre notre nez et le pur plaisir.

Jubilant et impétueux, Colony surgit d'un bond sur une note mi-solaire, mi-marine d'ananas hawaiien pour trouver ensuite un équilibre, toujours folâtre mais plus contenu, qui fait penser à une beauté blonde qui se retiendrait d'éclater de rire.

Disponible en eau de toilette et extrait dans des flacons qui se distinguent l'un de l'autre par leurs bouchons ouvragés. N'existe qu'en une once en extrait.

Pour celles qui aiment Royal Bain de Champagne (Caron) et veulent continuer de s'amuser même en robe du soir.

✔ Comme des Garçons (Comme des Garçons)

Comme des Garçons est un parfum indo-végétarien qui procure la petite détresse que l'on ressent lorsque l'on croque accidentellement une graine de cardamome cachée dans un riz biryani.

Sympathique flacon savonnette style années 50.

Coco (Chanel)

An elegant black-hulled schooner at full sail in the wake of the formidable icebreaker Opium (Saint-Laurent), Coco now appears, in hindsight, to be the most successful spicy oriental. At once resinous and fruity, perfectly fluid, flattering, Coco allows no single one of its ingredients, however loud and unruly, to take over.

Its Parisian chic, combining both precious materials and tinsel, resists the passage of time and fades with remarkable grace.

A great fragrance that knows how to party.

Recent advertising seems to aim for an audience of younger women, who would suit it well.

Best for daytime use, in small doses like a light dusting of spice.

Colony (Patou)

The Patou reissues are an event comparable to the rediscovery of baroque music played on original instruments, except that Patou's *concerti grossi* are released alternately in varicolored jazz and bittersweet neoclassical. And no pedantic musicologist interposes between our noses and pure pleasure.

Jubilant and impetuous, Colony emerges on a note half-solar, half-marine of Hawaiian pineapple, to find a balance, always playful but also contained, reminiscent of a blonde beauty repressing an outburst of laughter.

Available in eau de toilette and extrait, in bottles distinguished from each other by their stoppers. The extrait is available only as one ounce.

For those who love Royal Bain de Champagne (Caron) and want to continue the fun in evening dress.

✔ Comme des Garçons (Comme des Garçons)

Comme des Garçons is a Hindu-vegetarian perfume that provides the slight distress you feel when accidentally biting into a cardamom seed hidden in a biryani.

Nice bottle in the style of a little 1950s soap bar.

Cool Water (Davidoff)

Cool Water continue ce que Green Irish Tweed (Creed) avait brillamment commencé : un renouvellement par étapes des bases esthétiques de l'eau de toilette masculine. Plus « nu » et direct que son prédécesseur, avec une intéressante note de genièvre. Son style un peu voyou dérange comme en son temps celui de Brut (Faberge).

Bonne eau de toilette féminine, fraîche et vivace,
Sur un homme : très discrètement.

✔ Courant d'Air (Agnès B.)

Sympathique *sent-bon* sans ambition basé sur une note friande-fraîche d'amandes amères.

À eviter : le style ex-bab de quarante ans.

Cristalle (Chanel)

Cristalle, c'est le fruité pastel de Diorella (Dior) transposé d'une octave vers un aigu radieux et pâle. Les notes de citron et melon y sont devenues des sorbets enveloppés dans une lumière très particulière : un jour froid et net d'atelier de peintre.

Si Àprès l'Ondée (Guerlain) incarnait la suave mélancolie de l'automne, la sereine nostalgie de Cristalle est celle d'une belle journée d'hiver. Un merveilleux parfum. Existe maintenant en eau de parfum.

♥ Cuir de Russie (Chanel)

Ce légendaire parfum a été réédité. Tout en l'attendant avec trépidation, on pouvait craindre qu'il ne fût réduit à l'ombre de son ancienne majesté. Eh bien, il n'en est rien : ce cuir somptueux, balsamique et clair, sans compromis doucereux, reprend sa place au sommet de cette catégorie, aux côtés du plus jovial Tabac Blond (Caron).

Les cuirs sont le quatuor à cordes de la parfumerie : les compositeurs tendent à leur réserver leurs meilleures inspirations et le résultat est souvent très abstrait, à la fois cérébral et charnel, parfaitement androgyne. Cuir de Russie est un saisissant hologramme d'un faste révolu : en le sentant, on croit caresser de la main la banquette gris perle d'une Isotta Fraschini tandis que les forêts de bouleaux défilent en silence.

Chauffeur ! à Iasnaïa Polïana!

Relativement peu tenace, à utiliser sur les vêtements plutôt que sur la

Cool Water (Davidoff)

Cool Water continues what Green Irish Tweed (Creed) had brilliantly begun: a reinvention by stages of the aesthetic foundations of masculine eau de toilette. More "naked" and direct than its predecessor, with an interesting note of juniper. Its slightly loutish style is as upsetting as that of Brut (Faberge) in its day.

Good feminine eau de toilette, fresh and lively,
On a man: very discreetly.

✔ Courant d'Air (Agnès B.)

Nice *sent-bon* without ambition, based on a sweet-fresh note of bitter almonds.

To be avoided: the style of a forty-year-old aging hippie.

Cristalle (Chanel)

Cristalle is the fruity pastel of Diorella (Dior) transposed an octave to a bright and pale treble. The notes of lemon and melon have become sorbets enveloped in a very particular light: a cold and clear day in a painter's workshop.

If Après l'Ondée (Guerlain) embodied the sweet melancholy of autumn, the serene nostalgia of Cristalle is that of a beautiful winter day. A wonderful fragrance. Now available in eau de parfum.

♥ Cuir de Russie (Chanel)

This legendary perfume has been reissued. While awaiting it with trepidation, one might fear it to be reduced to a shadow of its former majesty. Well, not a bit: this sumptuous leather, balsamic and clear, without concessions to sweetness, reclaims its place at the peak of this category, alongside the more jovial Tabac Blond (Caron).

Leathers are the string quartets of perfume; composers tend to reserve for them their best inspirations, and the result is often quite abstract, at once cerebral and carnal, perfectly androgynous. Cuir de Russie is a striking hologram of a vanished splendor: smelling it is like caressing with one's hand the pearly gray seat of an Isotta Fraschini while birch forests sweep by in silence.

Driver! To Yasnaya Polyana!

Relatively less tenacious, best on clothing rather than on

peau. Choisissez l'extrait, dont il serait dommage de se priver.

N'existe pas en quart d'once.

Sur un homme : qui aime les parfums intelligents,

sur une femme : celle qui attend depuis toujours un parfum qui lui ressemble,

à éviter: le style vieux beau, trop précieux.

skin. Choose the extract, of which it would be a shame to deprive yourself.

Not available in the quarter ounce.

On a man: who likes intelligent fragrances,

on a woman: who has always been waiting for a perfume that resembles her,

to be avoided: the aging playboy style, overly precious.

D

✔ ❀ Deci Delà (Nina Ricci)

Deci Delà commence par un clair-obscur de notes poudrées et mûres qui suggèrent un parfum d'il y a vingt ans, puis rajeunit au fur et à mesure que le temps passe, pour finir dans une fanfare fruitée et acerbe tout à fait dans le style actuel. Bien fait et agréable.

Très joli flacon.

Detchema (Revillon)

Il est navrant de constater que les parfums de plusieurs grandes maisons qui se sont toujours vendus même dans les moments difficiles ont souvent été les moins originaux : Infini et Fleurs de Rocaille chez Caron, l'Aimant chez Coty et Detchema chez Revillon. Difficile aujourd'hui de voir dans ce parfum « fourrure » autre chose qu'un visage anonyme dans la foule des innombrables cousins de N° 5 (Chanel).

Ceux qui sont sensibles aux intervalles d'un douzième de ton lui trouveront peut-être un charme particulier, les autres lui préféreront des créations plus originales ou plus riches, tels Femme (Rochas) ou Que-sais-je ? (Patou).

Diorella (Dior)

Dior, dans les années 70, inaugurait la vague néo-classique avec cette création audacieuse et désenchantée et osait, le premier, réussir un parfum autour de notes à la fois fraîches (citron, cédrat) et dissonantes (melon, fruits blets et fleurs coupées).

Que l'on me permette, puisqu'il s'agit d'en dire du bien, d'employer à son sujet l'adjectif, flatteur à mes yeux, de parfum « fatigué », que je n'applique qu'à lui, à Cabochard (Grès) et au disparu Grain de Sable (Nicky Verfaillie), et qui décrit bien son attrait un peu décadent.

D

✔ ❀ Deci Delà (Nina Ricci)

Deci Delà begins with a chiaroscuro of powdery, ripe notes that suggest a scent of twenty years ago, then rejuvenates as time goes by, ending in a fruity, bitter fanfare in the current style. Well done and pleasant.

Pretty bottle.

Detchema (Revillon)

It is sad to see that the perfumes that have been, even in the most difficult times, steady sellers for several large houses are often the least original: Infini and Fleurs de Rocaille at Caron, L'Aimant at Coty, and Detchema at Revillon. It is difficult today to see in this "fur" perfume anything but an anonymous face in the crowd of innumerable cousins of N° 5 (Chanel).

Those sensitive to intervals of a twelfth of a tone will find in it perhaps a particular charm, while others will prefer more original or richer creations, such as Femme (Rochas) or Que-sais-je ? (Patou).

Diorella (Dior)

Dior, in the 1970s, inaugurated the neoclassical wave with this bold and disillusioned creation and was the first to dare to build a perfume on notes both fresh (lemon, citron) and dissonant (melon, overripe fruit, and cut flowers).

Allow me, since I mean it as a compliment, to use an adjective that I fancy to describe it: "tired" perfume, a word I apply only to this, to Cabochard (Grès), and to the disappeared Grain de Sable (Nicky Verfaillie), and which describes well its somewhat decadent appeal.

Le plus intéressant parfum dans la gamme actuelle de Dior. Le parfum est nettement meilleur que l'eau de toilette, et exprime mieux le côté vert de cette création.

Tous deux semblent quelque peu diminués en comparaison des premières éditions, mais je n'y jurerais pas.

Sur un homme: discrètement, à la place d Eau Sauvage,
sur une femme : de tête,
à éviter: carrés de soie, petits tailleurs, etc.

Dioressence (Dior)

Défaut de mémoire, évolution de mon odorat, qui sait? Je ne parviens pas à retrouver, dans le parfum vendu aujourd'hui sous ce nom, la riche complexité de celui qui à son apogée méritait pleinement l'appellatif de « barbare ». Il reste bien un intéressant contraste entre des notes fruitées et animales, mais tout semble bien creux, bien éteint, bien fade. Aurait-on simplifié la formule de ce grand parfum? Serait-il possible de ravoir l'ancien, coûte que coûte? Entre-temps, hélas, à éviter.

Diorissimo (Dior)

Le génial muguet d'Edmond Roudnitska perdure toujours, moins magnifiquement caressant qu'autrefois, mais tout aussi poétique.

✔ Dolce e Gabbana (Dolce e Gabbana)

Autres temps, autres mœurs : avant d'arriver à la note finale en opaline verte de Je Reviens (Worth), il fallait faire preuve de patience et de considération. Dolce e Gabbana ne s'embarrasse pas de ces rituels désuets et opte pour le feu de Bengale : il fume et crachote un peu à l'allumage, puis perce la nuit comme une fusée de détresse couleur menthe. Idéal par temps de brouillard.

Drakkar Noir (Guy Laroche)

Quelle cible facile que cet esquif pataud chargé de Vikings d'opérette ! À part l'excellent et rudimentaire Brut (Fabergé), aucun parfum ne suscite plus de sarcasmes que ce monument au Cadre Inconnu. Beaucoup semblent craindre comme une contagion son ambiance de GTI défraîchie.

The most interesting fragrance in Dior's current range. The parfum is much better than the eau de toilette and better expresses the green side of this creation.

Both seem somewhat diminished in comparison with the originals, but I would not swear it.

On a man: discreetly, instead of Eau Sauvage,
on a woman: brainy,
to be avoided: square silk scarves, tailored skirt suits, etc.

Dioressence (Dior)

Faulty memory, alterations in my sense of smell, who knows? I don't manage to find, in the perfume sold today by this name, the rich complexity of the one which at its zenith fully deserved the name "savage." There remains an interesting contrast between fruity and animalic notes, but everything seems hollow, so lifeless, so bland. Would they have streamlined the formula of this great perfume? Would it be possible to get back the old one, whatever the cost? In the meantime, alas, avoid it.

Diorissimo (Dior)

The thrill of Edmond Roudnitska's lily-of-the-valley still persists, less beautifully caressing than formerly, but just as poetic.

✔ Dolce e Gabbana (Dolce e Gabbana)

Other times, other customs: before arriving at the final green opaline note of Je Reviens (Worth), it was necessary to show patience and consideration. Dolce e Gabbana does not bother with these obsolete rituals and opts for Bengal fire: it smokes and spits a little on ignition, then pierces the night like a mint-colored flare. Ideal in foggy weather.

Drakkar Noir (Guy Laroche)

What an easy target, this clumsy skiff loaded with Vikings from an operetta! Apart from the excellent and rudimentary Brut (Fabergé), no perfume arouses more sarcasm than this monument to the Unknown Manager. Many seem to fear as a contagion its stale GTI vibe.

Et pourtant, comme le disait un sage américain, « ce n'est pas du faux cuir, c'est du vrai plastique ! ». Rendons tout de même honneur à l'inventeur de ce style cordial, velu et populaire, bousculé aujourd'hui par une foule d'imitations de pacotille.

Dune (Dior)

Dune débute sous un grand voile soyeux et floral gonflé par une brise caressante. À point nommé, le vent tombe et le voile épouse la forme ronde d'une note volontaire et lassante qui rappelle Must (Cartier) en plus enveloppé. Le voile fond bientôt, et l'on s'aperçoit que cette note centrale est posée sur une base d'ocre pulvérulente, un grand compact de poudre de riz fossile. Enfin, par une sorte de travelling arrière, sculpture et socle se simplifient en s'éloignant lentement vers un point de fuite sur l'horizon distant. Tout au long de ce fluide cinématisme, ces objets évoluent sous un ciel plombé d'image de synthèse.

Le résultat est à la fois faux et fascinant. De prime abord, on sent plus le cahier des charges que le bonheur de créer, mais à l'usage Dune acquiert un certain charme, si on aime le style école de commerce.

Sur une très jeune femme, plutôt punkette,
à éviter : cashmere, classiques en général.

And yet, as an American sage said, "It's not fake leather, it's real plastic!" Let us anyway honor the inventor of this cordial, hirsute, and popular style, roughed up today by a mob of trashy impersonators.

Dune (Dior)

Dune begins beneath a large, silky floral veil inflated by a caressing breeze. At the right moment, the wind drops, and the veil follows the rounded form of an insistent, tiresome note reminiscent of Must (Cartier) but more muffled. The veil soon slides away, and we see that this central note is placed on a base of powdered ocher, a large fossilized makeup compact. Finally, by a kind of backtracking shot, sculpture and base grow sketchier as they retreat towards a vanishing point on the distant horizon. Throughout, the motion takes place under a computer-generated overcast sky.

The result is both false and fascinating. At first glance, one feels more the specifications of the brief than the joy of creation, but on acquaintance, Dune acquires a certain charm, if one likes the business-school style.

On a very young woman, especially punk,
to be avoided: cashmere, classics in general.

E

✔ Eau d'Argent/Or/Cuivrée (Montana)
J'avoue un préjugé défavorable envers les parfums modulaires, qui me semblent un produit typique de réunion marketing. Personne n'a besoin de trois parfums correspondant au matin, midi et soir. D'ailleurs, il est suffisamment difficile de faire un seul bon parfum sans se compliquer la tâche inutilement. Cela dit, les trois eaux de Montana sont agréables.

Pour fixer les idées, elles ressemblent respectivement à Après l'Ondée (toutes proportions gardées), Eau Parfumée de Bulgari et l'Eau du Navigateur de Jean Laporte. On peut apprécier la base qu'elles ont en commun, qui est discrète et bien faite, mais tout cela ne présente pas un grand intérêt.

Eau de Cheverny (de Nicolaï)
Étonnante création très colorée de cette petite et talentueuse maison. Démarre en trombe sur une note transparente, épicée et torréfiée. Poursuit dans un équilibre fruité et frais, et se termine sur une note originale, sèche et boisée rappelant l'encens, que l'on aimerait retrouver dans un parfum plus sensuel.

Très bien fait, original, dans un style rapide et moderne. En eau de toilette de jour pour hommes et femmes.

Disponible exclusivement dans les boutiques de Nicolaï à Paris.

Eau de Guerlain (Guerlain)
Ce guide omet les eaux de Cologne, car elles se bornent à respecter une formule connue de tous par avance, et ne diffèrent que dans des détails mineurs de qualité et de ténacité. L'eau de Cologne ressemble à l'*allegretto* final d'un concerto en trois mouvements de bonne facture datant du baroque ou du début du classique : vif, conventionnel et bref.

E

✔ **Eau d'Argent/Or/Cuivrée (Montana)**
I confess to having an unfavorable prejudice towards modular perfumes, which seem to me a typical result of marketing meetings. Nobody needs three perfumes corresponding to morning, noon, and evening. Moreover, it is difficult enough to make a single good fragrance without unnecessarily complicating the task. That said, Montana's three scents are pleasant.

To give you the general idea, they resemble respectively Après l'Ondée (all things considered), Bulgari's Eau Parfumée, and Jean Laporte's Eau du Navigateur. We can appreciate the base they have in common, which is discreet and well put together, but none of it is very interesting.

Eau de Cheverny (de Nicolaï)
Stunning colorful creation of this small and talented house. Roars off on a transparent, spicy, and roasted note. Following with a balance of fruity and fresh, it ends on an original dry, woody note reminiscent of incense, which one would like to find in a more sensual perfume.

Very well done, original, in quick, modern style. Available in eau de toilette for day wear, for men and women.

Available exclusively in the shops of Nicolaï in Paris.

Eau de Guerlain (Guerlain)
This guide omits colognes, as they are limited to respecting a formula known to everyone in advance, and refer only to minor details of quality and tenacity. The cologne resembles the final *allegretto* of a concerto in three movements of good quality dating from the baroque or the beginning of the classic: lively, conventional, and brief.

La tentation d'y mettre un peu d'*adagio* langoureux est grande, et Guerlain a effectivement enrichi ses eaux de Cologne de notes étrangères au style.

L'Eau de Guerlain est une refonte néo-classique en un seul mouvement du concerto complet, un parfum à facettes comme New York (de Nicolaï). Tour à tour s'avancent puis s'estompent les thèmes « Cologne » repris ici sous une forme plus tenace, métallisée et légèrement iridescente, un fond sylvestre et mélancolique rappelant la verveine et des mélismes de confiserie typiquement Guerlain.

Une grande réussite, dont on ne se lasse pas.

Étonnamment méconnue, l'Eau de Guerlain fait un peu figure de Cendrillon dans la production Guerlain. Nouveau flacon qui la range enfin parmi les Eaux.

Sur un homme: insaisissable,
sur une femme : la moins « féminine » possible,
à éviter : robe fleurie.

✔ ❀ Eau d'Issey (Issey Miyake)
Un des plus squelettiques parmi les parfums métalliques actuels, semble ne contenir qu'un seul ingrédient. Énervant comme le chuintement d'un baladeur porté par un voisin de métro. Flacon et emballage splendides.

Eau d'Hermès (Hermès)
Belle eau de toilette masculine riche, jusqu'à récemment disponible seulement faubourg Saint-Honoré. Aussi chère que Mouchoir de Monsieur (Guerlain) et somme toute moins luxueuse.

✔ Eau Lente (Diptyque)
Depuis vingt-cinq ans, cette petite maison produit dans un silence de ruine palmyrénienne une série d'eaux de toilette qui sont à la parfumerie ce qu'une anthologie d'auteurs stoïques latins est à la littérature : une statuaire du discernement. L'Eau Lente touche à la grande parfumerie par son équilibre entre suave et bitumineux, beaucoup plus tenace que ne laisserait présager sa discrétion initiale.

Impeccable.

Disponible exclusivement à la boutique Diptyque à Paris, boulevard St-Germain.

The temptation to put in a little languorous *adagio* is great, and Guerlain has indeed enriched its colognes with notes foreign to the style.

Eau de Guerlain is a neoclassical remake in a single movement of a complete concerto, a multi-faceted perfume like New York (de Nicolai). By turns advancing and retreating, the "cologne" themes are repeated here in a more tenacious, metallic and slightly iridescent form, a melancholy, sylvan background reminiscent of verbena plus the typical Guerlain melismas of confectionery.

A grand success, of which one never tires.

Surprisingly little known, Eau de Guerlain is a bit like the Cinderella of Guerlain's production. New bottle, which finally classes it among the Eaux.

On a man: an elusive one,
on a woman: the least "feminine" possible,
to be avoided: floral dress.

✔ ❀ Eau d'Issey (Issey Miyake)
One of the most skeletal among current metallic fragrances, it seems to contain only one ingredient. Irritating like the hiss of a Walkman worn by the passenger next to you on the metro.

Splendid bottle and packaging.

Eau d'Hermès (Hermès)
Beautiful, sumptuous men's eau de toilette, until recently available only at Faubourg Saint-Honoré. Same price as Mouchoir de Monsieur (Guerlain) and in short, less luxurious.

✔ Eau Lente (Diptyque)
For twenty-five years, in silence as that in a Palmyra ruin, this little house has produced a series of eaux de toilette that are to perfume what an anthology of Latin Stoic authors is to literature: a collection of sculptured busts of sages. L'Eau Lente touches great perfumery with its balance between sweet and bituminous, far more tenacious than its initial discretion would suggest.

Impeccable.

Available exclusively at the Diptyque boutique in Paris, Boulevard

Rappelle à certains le Dermophil Indien et je trouve cela réjouissant.

✔ Eau Parfumée (Bulgari)

Le bijoutier romain Bulgari, connu pour ses montres discrètes portant le nom de la maison en grandes majuscules romaines gravées dans l'or, signe un parfum vendu exclusivement dans ses boutiques. Eau Parfumée est une eau fraîche acidulée dans le style de Kenzo femme en plus naturel, avec un cœur vert et poivré d'une pureté parfaite. Malgré l'exceptionnelle qualité de ses ingrédients, ce parfum d'inspiration japonisante peut décevoir par un manque de contrepoint sensuel qui soutiendrait sa délicate *voce di testa*. Il intéressera néanmoins ceux et celles qui aiment les parfums-aquarelle.

Eau Sauvage (Dior)

Eau Sauvage, c'est une eau de Cologne soumise à ce que l'on appelle en acoustique musicale un effet de flange. Sa note centrale citronnée très classique est doublée vers l'aigu par un dièse iridescent, et vers le grave par un bémol de melons. Cet accord olfactif très resserré donne à Eau Sauvage une richesse de timbre extraordinaire sans pour ainsi dire altérer la mélodie fraîche de l'eau de Cologne. Du très grand art.

Existe également en version « extrême » plus concentrée. Diorella reprend le même accord sans les contraintes de la forme eau de Cologne, et convient également comme eau de toilette masculine.

✔ Eden (Cacharel)

Comme pour étouffer le feu grégeois de Loulou, Cacharel nous plonge brutalement dans une onde glauque. Eden suscite l'atmosphère mate d'un bras mort de fleuve tropical par une note finale lasse et opaque qui appelle la couleur de jade du flacon. Malgré la parfaite cohérence de style monochrome entre olfactif et visuel, le résultat me laisse froid : après un quart d'heure, Eden dérive lentement vers une odeur de pullover mouillé.

✔ Elysium (Clarins)

La tendance actuelle du parfum « plus propre que moi tu meurs » mène droit à l'inanition. Nul besoin d'être psychologue pour comprendre

St-Germain.

Reminds some of Dermophil Indien lip balm, which I find cheerful.

✔ Eau Parfumée (Bulgari)

The Roman jeweler Bulgari, known for its discreet watches bearing the name of the house in large Roman capitals engraved in gold, puts its name to a perfume sold exclusively in its own shops. Eau Parfumée is an acidulated eau fraîche in the style of Kenzo Femme but more natural, with a green and peppery heart of perfect purity. Despite the exceptional quality of its ingredients, this Japanese-inspired fragrance can disappoint with a lack of sensual counterpoint that would support its delicate *voce di testa*. It will nevertheless interest those who love watercolor perfume.

Eau Sauvage (Dior)

Eau Sauvage is a cologne subject to what is known in musical acoustics as flanging. Its classic lemony central note is doubled towards the treble by an iridescent sharp, and towards the bass by a melony flat. This very narrow olfactory accord gives Eau Sauvage an extraordinary richness of timbre without, for example, altering the fresh melody of eau de cologne. A grand work of art.

Also available in a more concentrated "extreme" version. Diorella adopts the same accord without the constraints of the cologne form and is also suitable as a masculine eau de toilette.

✔ Eden (Cacharel)

As if to smother Loulou's Greek fire, Cacharel plunges us brutally into a murky wave. Eden evokes the dull atmosphere of a dead arm of a tropical river, with a weary and opaque final note that recalls the jade color of the bottle. Despite the perfect coherence of monochromatic style both olfactory and visual, the result leaves me cold: after a quarter of an hour, Eden drifts slowly towards a smell of damp pullover.

✔ Elysium (Clarins)

The current perfume trend of "any cleaner than this and you'd die" leads right to inanition. You don't have to be a psychologist to understand

qu'une telle dénégation de tout ce qui est animal ou corporel est une phobie. Heureusement, le naturel reprend ses droits, car tant de blancheur immaculée suggère immédiatement les petits diffuseurs en plastique pastel que l'on met dans les toilettes pour en chasser toute mauvaise pensée. En fin de compte, il n'y a rien de plus triste qu'une fausse odeur de propre, même luxueusement construite. Antidote : Ruban Noir.

Elysium n'est pas encore disponible en France.

Égoïste (Chanel)

Anciennement appelée Bois Noir, cette belle et originale eau de toilette étonne par sa douceur transparente de pâte de fruit, sans aspérités, stable et tenace. Exceptionnelle dans le contexte actuel par sa discrétion et son bon goût, elle laisse néanmoins une impression un peu incolore et diluée. Si toutefois Chanel décidait de lui donner un frère tout aussi égoïste mais plus concentré, il y aurait de quoi s'enthousiasmer. Entre-temps, les dandys ont là une excuse toute trouvée pour porter le merveilleux Bois des Îles de la même maison.

Égoïste est maintenant disponible en version « platinum », très différent et plus conventionnel que l'original.

Parfait pour usage quotidien par sa discrétion exemplaire.

Sur une femme : les jours « sans parfum ».

En Avion (Caron)

Fuselé, tendu et olympien comme une divinité tutélaire Art Déco, En Avion est à la fois le plus pur et le plus orchestral des parfums Caron, bâti sur une note élancée et grisante rappelant la menthe, soutenue par la base soyeuse et riche que l'on retrouve sous une forme atténuée dans de nombreuses créations de la même maison.

Un parfum d'amazone, années 50, d'une rare et solide élégance.

Sur un homme : dejour, en petite quantité,

sur une femme : la fiancée de Sam Spade,

à éviter : le style trop richement « madame ».

✔ Erolfa (Creed)

Creed semble avoir trouvé une solution inattendue aux problèmes posés par l'inoxydable note d'huîtres qui sert actuellement d'emblème au parfum moderniste. En la doublant par une intense senteur d'agrumes,

that such a denial of everything animal or bodily is a phobia. Fortunately, the natural gets its own back, because so much immaculate whiteness immediately suggests the small pastel plastic diffusers put in toilets to chase away all bad thoughts. In the end, there is nothing sadder than a false smell of cleanliness, even luxuriously constructed. Antidote: Ruban Noir.

Elysium is not yet available in France.

Égoïste (Chanel)

Formerly known as Bois Noir, this beautiful and original eau de toilette astonishes because of its transparent sweetness like fruit jellies, without any harshness, stable and tenacious. Exceptional in the current context due to its discretion and good taste, it nevertheless leaves a slightly colorless and dilute impression. If, however, Chanel decided to give it an equally egotistical but more concentrated brother, that would be something to get excited about. In the meantime, it gives dandies an excuse to seek the wonderful Bois des Îles from the same house.

Égoïste is now available in "platinum" version, very different and more conventional than the original.

Perfect for everyday use due to its exemplary discretion.

On a woman: "fragrance-free" days.

En Avion (Caron)

Tapered, tense and Olympian as an Art Deco tutelary deity, En Avion is both the purest and most orchestral Caron fragrance, built on a slender, exhilarating note reminiscent of mint, supported by the silken and rich base that we find in attenuated form in many creations from the same house.

A perfume for an Amazon, circa 1950s, of rare and solid elegance.

On a man: for day, in small quantities,
on a woman: the fiancée of Sam Spade,
to be avoided: an overdone "ladies who lunch" style.

✔ Erolfa (Creed)

Creed seems to have found an unexpected solution to the problems posed by the stainless-steel note of oysters that currently serves as the emblem of modernist fragrance. By doubling it with an intense citrus,

Erofla filtre ce paysage lunaire au travers de lunettes teintées de jaune. Sans être le moins du monde confortable, Erofla est frais plutôt que froid, moins coupant et plus classique que ses prédécesseurs.

À vaporiser sur le tissu pour préserver son équilibre instable.

✔ Ettore Bugatti For Men (Bugatti)

Le constructeur de Molsheim réincarné en Italie propose une gamme de produits dits « de luxe » dont cette agréable eau de toilette que Guerlain n'aurait pas désavouée il y a quelques années et qui ressemble à un mélange de Vétiver et Habit Rouge. Offrez-vous plutôt une EB112.

Erolfa filters this lunar landscape through yellow-tinted glasses. Without being the least bit comfortable, Erolfa is cool rather than cold, less sharp and more classic than its predecessors.

Spray on fabric to preserve its unstable balance.

✔ Ettore Bugatti For Men (Bugatti)

The Molsheim manufacturer, reincarnated in Italy, offers a range of so-called "luxury" products, a few years ago adding this pleasing eau de toilette, which Guerlain would not have disowned, and which looks like a mixture of Vétiver and Habit Rouge. Instead, give yourself an EB112.

F

Fahrenheit (Dior)

Auprès de tant de parfums masculins durs, savonneux, évidents, Fahrenheit donne une impression de demi-teintes grises et vertes, de complexité brumeuse et éteinte par ses notes de thé vert, de feuilles mortes sous les arbres. Et c'est justement là ce qui fait son charme subtil : sa structure garde son mystère.

Comme Cool Water (Davidoff), Fahrenheit est en quelque sorte un parfum masculin vu des coulisses : les notes typiquement masculines qui tiennent d'habitude le devant de la scène sont cachées, alors que le décor sylvestre stylisé est tout près de nous. Original et interessant.

Sur une femme : idéal.

✔ Fantasme (Ted Lapidus)

Les malheurs, en parfumerie comme ailleurs, arrivent en tir groupé : un parfum gras et pauvre affublé, ainsi que l'emballage, d'une couleur de liqueur imbuvable, un flacon hideux, un nom de minitel rose et un slogan (l'inconscient a son parfum) d'une fatuité rare.

Des inconscients ont effectivement eu leur parfum.

Farnesiana (Caron)

Suave, tendre, opalin, Farnesiana est presque autant un baume euphorisant qu'un parfum. Cet étonnant assemblage construit, au dire de Caron, autour du mimosa et du cassis et dont la note rappelle celle du laurier-rose, suggère la lumineuse douceur d'un hiver passé dans le Sud.

F

Fahrenheit (Dior)

Next to so many harsh, soapy, obvious masculine fragrances, Fahrenheit gives an impression of gray mixed with green, of a fogged complexity muted by notes of green tea, of fallen leaves under trees. And that is precisely what makes its charm subtle: its structure hides its mystery.

Like Cool Water (Davidoff), Fahrenheit is a kind of men's fragrance seen from backstage: the typically masculine notes that usually take center stage are hidden, while the stylized forest scenery is very close to us. Original and interesting.

On a woman: ideal.

✔ Fantasme (Ted Lapidus)

Misfortunes, in perfumery as elsewhere, arrive in clusters: an oily and impoverished perfume decked out, as well as its packaging, in the color of some undrinkable liquor, a hideous bottle, a name of a pink Minitel, and a slogan (*"l'inconscient a son parfum"*)* of a rare fatuity.

In short, the unconscious now have their perfume.

Farnesiana (Caron)

Sweet, tender, opaline, Farnesiana is almost as much a euphoric balm as a perfume. This stunning assemblage is built, according to Caron, around mimosa and blackcurrant, which note recalls that of oleander, suggesting the luminous softness of a winter spent in the south.

---

*   Can be translated as "the subconscious has its perfume," a Freudian reference, though *inconscient* can also be an insult meaning "thoughtless."

Luxueuse orchestration de ce qui aurait pu n'être qu'une idée de sent-bon, Farnesiana est aussi un exercice de style : basé sur la même note troublante que le mélancolique Après l'Ondée et le vespéral L'Heure Bleue (Guerlain), il en propose une interprétation inattendue, souriante et sans ombre.

Demandez le flacon cubique, plus joli.

Sur un homme : raffiné, s'il ose,
sur une femme : lumineuse.

✔ ❀ ♥ Féminité du Bois (Shiseido)

Le nom éloquent de ce parfum laisse présager une créature de l'intelligence, et l'on n'est pas déçu : il s'agit en effet d'effacer d'un trait une habitude tenace. Convaincre les hommes qu'un peu de douceur ne les expose pas au danger, c'est chose faite. Convaincre les femmes que les bois précieux peuvent servir à autre chose qu'à embellir les tableaux de bord ou les barbes de trois jours, c'est plus délicat.

Heureusement, la démonstration est sans faille pour qui veut la comprendre. Là où Parfum Sacré (Caron) hésitait à sauter le pas, Féminité du Bois démontre qu'on peut passer du cèdre à la rose, sans traverser le centre du spectre.

Après un tel théorème, il est juste que l'on se délasse par quelques exercices : Shiseido propose donc quatre variations sur ce thème : vanille, musc, fruit et violette. Tous illustrent avec la magnifique transparence typique de la marque que rien ne s'oppose à ces mariages présumés contre nature. À mon sens, la variation « violette » touche à la perfection.

Cinq grands parfums d'un coup.

Fait rare, le parfum de base est aussi vendu sous forme de stylo à bille à recharge, idéal pour le sac. Les « variations » ne sont disponibles que dans les Salons Shiseido sous les arcades du Palais-Royal à Paris, qui valent à eux seuls le voyage pour leur atmosphère oraculaire, jeu de tarots et chariot tzigane.

Femme (Rochas)

Il est significatif que ce type de chypré classique soit si fortement associé à des vêtements : tailleurs, fourrures. Peut-être est-ce une simple coïncidence historique, mais j'émets ici l'hypothèse que c'est le résultat d'une association d'idées plus profonde.

A luxurious orchestration of an idea that could have been merely a *sent-bon,* Farnesiana is also an exercise in style: based on the same disturbing note as the melancholic Après l'Ondée and the vesper L'Heure Bleue (Guerlain), it proposes an unexpected interpretation, smiling and without shadows.

Ask for the cubic bottle, much prettier.

On a man: refined, if he dares,
on a woman: luminous.

✔ ❀ ♥ Féminité du Bois (Shiseido)

The eloquent name of this perfume suggests a creature of intelligence, and it doesn't disappoint: it is concerned with eliminating a stubborn custom. Convincing men that a little sweetness poses them no danger is a done deed. Convincing women that precious woods can be used for something other than decorating dashboards or three-day beards is trickier.

Fortunately, the proof is flawless for anyone who wants to understand. Where Parfum Sacré (Caron) hesitated to make the leap, Féminité du Bois demonstrates that it is possible to travel from cedar to rose without ever crossing the center of the range.

After such a theorem, it is right to relax with some exercises. Shiseido proposes four variations on this theme: vanilla, musk, fruit and violet. All illustrate, with the magnificent transparency typical of the brand, that nothing stands in the way of these supposedly unnatural marriages. In my opinion, the "violet" variation touches perfection.

Five great fragrances in one stroke.

Unusually, the base perfume is also sold as a refillable ballpoint pen, ideal to carry in a handbag. The "variations" are only available in the Salons Shiseido under the arcades of the Palais-Royal in Paris, which are worth the trip alone for their oracular atmosphere of tarot card and gypsy wagon.

Femme (Rochas)

It is significant that this type of classic chypre is so strongly associated with clothes: suits, furs. Perhaps it is mere historical coincidence, but here I hypothesize that it is the result of a deeper association of ideas.

D'une part, une mode qui reste loin du corps et qui le masque par son galbe géométrique (tailleur) ou par son épaisseur animale (fourrure). D'autre part, un art olfactif arrivé à une abstraction du matériau et à un fondu idéal permettant enfin la création de formes longues et complexes d'un seul tenant, comme une carrosserie profilée qui à la fois épouse et protège les formes du corps.

D'où la curieuse difficulté que l'on éprouve à imaginer une femme nue portant un de ces parfums si parfaitement « habillés ». Il reste un fait indiscutable : Femme est une merveille.

À manier avec précaution, car son aura « années 50 » est très forte. Portez-le s'il ne vous vieillit pas.

Sur un homme : dandy très raffiné, à petites doses.

✔ ❀ Fendi Uomo (Fendi)

Agréable fougère épicée agrémentée d'une intéressante note résineuse très propre. Pour ceux qui n'osent pas aller jusqu'à Coco (Chanel) ou Teatro alla Scala (Krizia). Beau flacon encrier Art Déco.

Fidji (Guy Laroche)

Si la femme est une île, celle-ci n'est certainement pas d'origine volcanique. Poli comme un galet, blanc comme du marbre, « féminin » comme les beautés au bain d'Ingres, ce beau parfum partage avec L'Air du Temps (Nina Ricci) la tâche peu variée de soutenir le fronton du temple d'une Déméter solide et rarement folâtre.

On regrette les religions à mystères…

Sur une femme : plutôt sur une jeune fille sage.

First (Van Cleef et Arpels)

First, c'est le parfum en 70 mm. D'un bout à l'autre de ce banquet floral sur grand écran, tout est richement coloré, saturé, détaillé et transparent. Après un somptueux départ vert, le cœur de First est un accord rose-jasmin intense, soutenu par des notes sèches et pimentées qui l'empêchent de tendre vers une douceur excessive. La finale est très classique, stable et raffinée.

First aurait fort bien pu s'appeler Last car il semble avoir été, dans sa richesse récapitulative, une sorte de bouquet final dans le feu d'artifice des grands floraux.

On one hand, you have a fashion which sits some distance from the body and masks it by geometrical curve (suit) or by animal thickness (fur). On the other, you have an olfactory art that achieves an abstraction of the material and an ideal merge, allowing at last the creation of long and complex forms in one piece, like a streamlined carrosserie which at the same time fits itself to and protects the forms of the body.

Hence the curious difficulty of imagining a naked woman wearing one of these perfectly "dressed" perfumes. There remains one indisputable fact: Femme is a marvel.

Handle with care, because its "1950s" aura is very strong. Wear it if it doesn't age you.

On a man: very refined dandy, in small doses.

✔ ❁ Fendi Uomo (Fendi)

Pleasant spicy fougère with an interesting, very clean resinous note. For those who don't dare go as far as Coco (Chanel) or Teatro alla Scala (Krizia). Beautiful Art Deco ink bottle.

Fidji (Guy Laroche)

If this woman is an island, it is certainly not of volcanic origin. Polished as a pebble, as white as marble, "feminine" as the bathing beauties of Ingres, this lovely perfume shares with L'Air du Temps (Nina Ricci) the mostly unvarying task of supporting the temple pediment of a sturdy and rarely playful Demeter.

We miss the mystery cults....

On a woman: best on nice girls.

First (Van Cleef et Arpels)

First is a perfume in 70 mm. From end to end of this floral banquet on the big screen, everything is richly colored, saturated, detailed, and transparent. After a sumptuous green top note, the heart of First is an intense rose-jasmine accord, supported by dry, spicy notes that prevent it from leaning toward excessive sweetness. The drydown is very classic, stable and refined.

First could very well have been called Last because it seems to have been, in its recapitulating richness, a kind of final flourish in the fireworks of the great florals.

À éviter: dadame.

Fleurs de France (Finaud)
Ni suave, ni acerbe, cette « fougère » classique récemment rééditée se place exactement à mi-chemin entre Brut (Fabergé) et Canoé (Dana). Très agréable.

Fleurs des Comores (Maître Gantier)
Jean Laporte, dans sa précédente incarnation l'Artisan Parfumeur, nous avait déjà donné le génial Vanilia, la plus pure affirmation d'optimisme jamais emprisonnée dans un flacon. Fleurs des Comores reprend le même thème sur un mode plus fruité et tout aussi euphorique, et y ajoute une finale animale qui a beaucoup de charme. Une version à l'aérographe du plus patiné mais moins dansant — et plus cher — Bois des Îles (Chanel). À ranger avec Mendelssohn's Greatest Hits et les clés de la *Duetto* dans le tiroir des remontants en vente libre.
Sur une femme : ébouriffante.

Fracas (Piguet)
Il en est des parfums comme des régates : après avoir longuement tiré des bords de près avec des parfums blancs et pointus comme des grands focs, on vire enfin la dernière bouée et on rentre, aux allures portantes, dans le soir qui tombe. Alors, on envoie enfin le spinnaker Fracas, immense tubéreuse rose à bandes orange, et on file vers le port, bercé par la houle, dans une lueur d'incendie.

To be avoided: the ladies who lunch.

Fleurs de France (Finaud)
Neither sweet nor bitter, this recently reissued classic "fougère" is exactly halfway between Brut (Fabergé) and Canoé (Dana). Very pleasant.

Fleurs des Comores (Maître Gantier)
Jean Laporte, in his previous incarnation L'Artisan Parfumeur, had already given us the awesome Vanilia, the purest affirmation of optimism ever imprisoned in a bottle. Fleurs des Comores takes up the same theme in a fruitier and equally euphoric fashion, and adds an animalic drydown full of charm. An airbrushed version of the more polished but less dancing—and more expensive—Bois des Îles (Chanel). Stow with Mendelssohn's Greatest Hits and the keys to the Alfa Romeo in the drawer of over-the-counter tonics.
On a woman: boisterous.

Fracas (Piguet)
It is with perfumes as with regattas: after tacking at length with perfumes as white and pointed as jibs, you round the last buoy and return, in a quartering wind, as evening falls. At that point you send up the spinnaker Fracas, an immense pink tuberose with orange stripes, and glide to harbor, rocked by the swells, in a fiery glow.

G

Gardénia (Chanel)

La réédition de ce grand parfum avait été en tout point superbe : élégant, parfaitement équilibré, lumineux et fruité, il y avait là de quoi faire plaisir aux amateurs du style altier et salin incarné par le regretté Futur (Piguet).

Trois fois hélas! Par un arbitraire incompréhensible, Chanel a décidé de lui ajouter une note « moderne » rappelant Poison (Dior) qui le balafre à tel point que l'on ne reconnaît plus ses traits.

À éviter absolument sous sa forme actuelle qui ne sera sans doute qu'un malentendu éphémère.

Gaultier (Jean-Paul Gaultier)

Dans un emballage de lingerie-ferblanterie copié sur un classique de Schiaparelli, un parfum fruité pastel pour jeunes filles, style volière de perruches. Autorisé à quinze minutes de célébrité, mais pas une de plus.

Gem (Van Cleef et Arpels)

Coloré et transparent, Gem joue sur un contraste harmonieux entre une note de pêche délicate et très suave et un accord boisé balsamique sans lourdeur qui l'équilibre exactement. L'ensemble est très agréable et tenace, mais manque d'épaisseur et de corps, comme si le parfum était coupé d'eau. Sorti en 87, Gem est manifestement un parfum de l'école réformée : les compositeurs ont fait un tapage nocturne considérable au début des années 80; les voisins se sont plaints, et maintenant tout est joué *mezza voce*.

Ainsi les parfums féminins sont passés des cris aux chuchotements. Oublions tout cela, maintenant, chantez, s'il vous plaît.

G

Gardénia (Chanel)

The reissue of this great perfume was superb in all respects: elegant, perfectly balanced, luminous and fruity, with something to please lovers of the haughty and saline style embodied by the late Futur (Piguet).

Alas, alas, a thousand times alas! By an incomprehensible arbitrariness, Chanel decided to add a "modern" note reminiscent of Poison (Dior), which mars it so much that its features are no longer recognizable.

To be avoided absolutely in its present form, which will no doubt be an ephemeral misunderstanding.

Gaultier (Jean-Paul Gaultier)

In a lingerie-tin packaging copied from a Schiaparelli classic, a pastel fruity fragrance for young girls, parakeet-cage style. Allowed fifteen minutes of celebrity but no more.

Gem (Van Cleef et Arpels)

Colorful and transparent, Gem plays on a harmonious contrast between a delicate, very sweet peach note and a balsamic woody accord without heft, which balances it exactly. The whole is quite pleasant and tenacious but lacks density and body, as if the perfume were watered down. Released in 1987, Gem is clearly a fragrance of the reform school: composers made a considerable noise late in the 1980s; the neighbors complained, and now everything is played *mezza voce*.

Thus feminine scents have shifted from cries to whispers. Forget all that now and sing, please.

✔ **Gio (Giorgio Armani)**
Colossale tubéreuse synthétique, sans la subtilité de ses deux consœurs Chloé (Chloé) et Fracas (Piguet). Envahissant.

❀ **Globe (Rochas)**
Intéressante et curieuse juxtaposition que ce Globe: d'un côté, un bouquet provençal fleurant bon la sauge et l'origan; de l'autre, un arôme très artificiel de sucre d'orge ou de liqueur aux fruits. Un parfum « nouvelle cuisine » dans un style à la fois étudié et gourmand, entre le tiède et le frais, fait de contrastes imprévus de couleurs et de saveurs délicates.

Une belle et originale réussite, hors des sentiers battus de la masculinité musclée.

Très beau flacon Art Déco représentant une mappe-monde cerclée de métal.

Sur une fmme : en eau de toilette fraîche,
sur un homme : gracieux et raffiné.

Green Irish Tweed (Creed)
À Green Irish Tweed revient le grand mérite d'avoir inventé une nouvelle conception de l'eau de toilette masculine. Au lieu de rechercher un équilibre « viril » en accumulant des notes de ténor et de baryton, Green Irish Tweed joint l'acide et l'évolué, le fruit et l'eau-de-vie, comme le font certains grands vins de Loire. La résultante de ce grand écart olfactif est une senteur à la fois fraîche, médicinale et poivrée de pomme reinette d'une variété sans doute courante sur Neptune, mais rare et chère ici-bas et facilement reconnaissable à sa couleur bleue.

Plus riche que son émule Cool Water (Davidoff), Green Irish Tweed est une superbe réussite.

Bonne eau de toilette féminine, fraîche et vivace.

Sur un homme : très discrètement.

Grey Flannel (Geoffrey Beene)
Un part de la beauté d'un bouquet de violettes vient du contraste entre le velours dévôt des fleurs et le vert profond des feuilles qui l'entourent. Grey Flannel transpose cette image dans le domaine olfactif en associant une belle note de violette sans sucre à un nuage intense et vert rappelant l'herbe coupée ou le mesclun.

✔ Gio (Giorgio Armani)

Colossal synthetic tuberose, without the subtlety of its two colleagues Chloé (Chloé) and Fracas (Piguet). Invasive.

❀ Globe (Rochas)

Interesting and curious juxtaposition, this Globe: on one side, a Provençal bouquet redolent of sage and oregano; on the other, a rather artificial aroma of barley sugar or fruit liqueur. A "nouvelle cuisine" perfume in a style both calculated and gluttonous, somewhere between lukewarm and cool, made of unexpected contrasts of colors and subtle tastes.

A handsome and original success, off the beaten track of muscular masculinity.

Beautiful Art Deco bottle representing a world map encircled in metal.

On a woman: as a fresh eau de toilette,
on a man: graceful and refined.

Green Irish Tweed (Creed)

To Green Irish Tweed comes the great honor of having invented a new concept of men's eau de toilette. Instead of seeking a "manly" balance by piling on tenor and baritone notes, Green Irish Tweed joins up acidity and refinement, fruit and brandy, as do some great Loire wines. The result of this great olfactory interval is a fresh, medicinal and peppery scent of rennet apple, of a variety no doubt common on Neptune but rare and expensive down here, easily recognizable by its blue color.

Richer than its imitator Cool Water (Davidoff), Green Irish Tweed is a superb success.

Good feminine eau de toilette, fresh and lively.

On a man: very discreetly.

Grey Flannel (Geoffrey Beene)

Part of the beauty of a bouquet of violets comes from the contrast between the devotional velvet of the flowers and the profound green of the leaves that surround it. Grey Flannel transposes this image into the olfactory domain by associating a beautiful note of unsugared violet with an intense, green cloud reminiscent of cut grass or salad leaves.

L'équilibre initial est puissant et juste, mais son évolution dans le temps, bien qu'agréable, est un peu trébuchante, car Grey Flannel s'appauvrit rapidement vers des notes moins riches et plus troubles. Un peu lassant.

The initial balance is effective and exact, but its evolution over time, though pleasant, stumbles a bit, because Grey Flannel depletes quickly towards notes less rich and more unsettled. A little tedious.

H

Habanita (Molinard)

Ensoleillé, épicé, merveilleusement naturel, sensuel sans lourdeur, Habanita est la jeune fugueuse de la parfumerie classique. Comme Bal à Versailles (Jean Desprez), Habanita surgit et saisit par sa beauté riante et intense.

Surprenant, harmonieux comme le poivre marié aux fraises, il pouvait sembler « vulgaire » il y a trente ans, lorsqu'il était classé parmi les parfums-fourrure. Habanita sort maintenant de son exil étonnamment jeune, telle une danseuse de flamenco d'autant plus belle d'avoir longtemps vécu loin de la scène. Il ne lui manque que de redevenir célèbre. Molinard semble avoir récemment « modernisé » Habanita, qui a ainsi perdu une partie de son charme.

Sur un homme : raffiné, en eau de toilette chaude et épicée,
sur une femme : comme alternative aux épicés orientaux,
à éviter : les erreurs qui lui avaient tant coûté jadis (fourrure, tailleurs rouges, etc.).

Habit Rouge (Guerlain)

Il n'est pas rare que différentes créations d'un artiste, conçues indépendamment, s'organisent spontanément au fil du temps en diptyques, révélant ainsi des affinités et des symétries cachées. Il en est ainsi de ces deux merveilleux morceaux de musique de chambre que sont Vétiver et Habit Rouge, aujourd'hui pendants exacts l'un de l'autre jusque dans leur aspect extérieur. Au vert sombre, au violon âpre et sec, à la senteur austère et crissante de Vétiver répondent le rouge soutenu, le cor velouté, l'arôme de petit-beurre chaud d'Habit Rouge. Tous deux illustrent l'art ambigu et profond de Guerlain qui, depuis Jicky, avance d'un pas assuré,

H

Habanita (Molinard)

Sunlit, spiced, wonderfully natural, sensual without heaviness, Habanita is the young runaway of classical perfumery. Like Bal à Versailles (Jean Desprez), Habanita leaps up and seizes one with its laughing and intense beauty.

Surprising, as harmonious as pepper paired with strawberries, it might have seemed "vulgar" thirty years ago, when it was classed among the *parfums-fourrure* (fur perfumes). Habanita is now emerging from her exile astonishingly young, like a flamenco dancer all the more beautiful for having lived a long while far from the stage. All it needs is to become famous again. Molinard seems to have recently "modernized" Habanita, which has therefore lost a bit of its charm.

On a man: refined, as warm, spicy eau de toilette,

on a woman: as an alternative to oriental spice fragrances,

to be avoided: the missteps that once were her undoing (furs, red tailored skirt suits, etc.).

Habit Rouge (Guerlain)

It is not uncommon for an artist's different creations, conceived independently, to spontaneously organize themselves over time in diptychs, thus revealing hidden affinities and symmetries. So it is with these two wonderful pieces of chamber music that are Vétiver and Habit Rouge, today exact pendants of each other as far as their external appearance. To the dark green, the rough and dry violin, the austere and rasping scent of Vetiver, respond the sustained red, the velvety horn, the smell of warm biscuit of Habit Rouge. Both illustrate the ambiguous and profound art of Guerlain, which, since Jicky, progresses with a sure tread,

en pantoufles de soie, sur le fil tendu qui sépare le féminin du masculin.

Habit Rouge est indispensable, même si on ne le porte pas.

Plutôt sur une femme : pour son côté suave et discret,
à éviter : le style vieux beau.

✔ Héritage (Guerlain)

Guerlain est décidément le Pininfarina des parfumeurs français, doué, comme le grand carrossier turinois, d'un talent rare pour créer du neuf sans jamais partir d'une page blanche. Si Derby était le *dream-car,* difficile d'accès et peu adapté à la vie de famille, Héritage est un superbe coupé 2+2 qui reprend certains éléments saillants de son prédécesseur, mais atténués et fondus dans une éblouissante récapitulation des thèmes favoris de cette grande maison.

Parfait sous tous les angles et confortable à l'intérieur.

Sur un homme : comme alternative moderne aux grandes « eaux » de papa,

sur une femme : appétissant, comme toutes les créations androgynes de cette maison.

✔ Horizon (Guy Laroche)

Certains parfums masculins actuels, dont Horizon, ressemblent à des natures mortes cubistes : on y trouve, rendus dans des tons brunis et dessinés en perspective improbable, des groupes d'objets disparates à consonance masculine : un plumier avec ses crayons de cèdre, une touffe de mousse et un cèpe, un pamplemousse, un journal jauni au soleil et un pan de ciel. Le résultat est beau et intéressant, mais la nécessité de s'en tenir au style viril et propre banalise une idée qui aurait pu être beaucoup plus étrange.

Le flacon bleu style Drakkar corrodé est un bel exercice kitsch néo-70.

in silk slippers, on the narrow line that separates the feminine from the masculine.

Habit Rouge is essential, even if one doesn't wear it.

Preferably on a woman: for its sweet and discreet side,
to be avoided: the aging playboy style.

✔ Héritage (Guerlain)

Guerlain is definitely the Pininfarina of French perfumers, gifted, like the great coachbuilder of Turin, with a rare talent to create the new without ever starting from a blank page. If Derby was the dream car, difficult to access and ill suited to family life, Heritage is a superb 2+2 coupe that reiterates some salient features of its predecessor, but moderated and merged into a dazzling recap of the favorite themes of this great house.

Perfect from every angle and comfortable inside.

On a man: as a modern alternative to papa's grand "eaux,"
on a woman: appetizing, like all the androgynous creations of this house.

✔ Horizon (Guy Laroche)

Some current male perfumes, including Horizon, resemble Cubist still lifes: you find there, rendered in dark brown tones and drawn in improbable perspective, groups of disparate objects of masculine connotation: a case full of cedar pencils, a tuft of moss and a mushroom, a grapefruit, a newspaper yellowed by the sun, and a swath of sky. The result is beautiful and interesting, but the need to stick to a virile and clean style trivializes an idea that could have been much stranger.

The blue bottle in the style of a corroded Drakkar Noir is a nice exercise in neo-1970s kitsch.

I

Impact (Caron)

Divine surprise que cette formule oubliée depuis les années 50 et récemment rééditée! Impact est la résultante d'un collage audacieux de Tabac Blond et de Poivre et comble les amateurs de cette école sombre, sèche et sans compromis floral qui n'espéraient pas voir réunies des qualités jusqu'ici dispersées. Cela dit, la polyphonie d'Impact est à la limite de l'éclectisme, et certains lui préféreront ses « parents » spirituels. Pour ma part, je l'aime beaucoup.

Version jour de Tabac Blond, pour hommes et femmes de tous âges.

Initiation (Molyneux)

Fidèle a sa tradition de très bon goût sans tapage, Molyneux nous donne ici un parfum subtil et complexe, une intéressante réinterprétation de deux thèmes appartenant à différentes époques de la parfumerie. Au départ, une tonalité blanche et liquide. En finale, un accord épicé d'une grande richesse.

Très harmonieux et agréable, un parfum dont on ne risque pas de se lasser.

Parfum de jour habillé, discret et relativement inhabituel.

Insensé (Givenchy)

Très sensé, au contraire. Givenchy poursuit sa tradition de parfums d'hommes modernes et bien mis sans tomber dans la suavité léthargique ou la sécheresse trépidante. Après une surprenante note de départ amère-fruitée qui rappelle la Suze, Insensé maintient longtemps sans faillir un lumineux équilibre entre une note de bois, une vapeur d'embruns et une fleur blanche citronnée.

Propre, ensoleillé, insouciant. Recommandé.

I

Impact (Caron)

What a divine surprise, this formula forgotten since the 1950s and recently reissued! Impact is the result of a bold collage of Tabac Blond and Poivre and satisfies the fans of this dark, dry and uncompromising floral school, which dared not hope to see these hitherto scattered qualities united. That said, Impact's polyphony is at the limit of eclecticism, and some will prefer its spiritual "parents." On my part, I like it very much.

Daytime version of Tabac Blond, for men and women of all ages.

Initiation (Molyneux)

Faithful to its tradition of good taste without fuss, Molyneux here gives us a subtle and complex perfume, an interesting reinterpretation of two themes belonging to different eras of perfumery. In the top, a white, fluid tone. In the drydown, a spice accord of great richness.

Very harmonious and pleasant, a fragrance not at risk of being boring.

A dressed-up, discreet and relatively unusual daytime fragrance.

Insensé (Givenchy)

Very sensible, on the contrary. Givenchy continues its tradition of modern and well turned out men's fragrances without falling into lethargic sweetness or anxious aridity. After a surprising bitter-fruity top note reminiscent of Suze liqueur, Insensé maintains a long while a luminous balance among a woody note, a vaporous mist, and a lemony white blossom.

Clean, sunny, carefree. Recommended.

Iris Gris (Maître Gantier)

Aux commandes de sa nouvelle maison, Jean Laporte recrée une série d'eaux de toilette masculines basées sur de belles notes florales et boisées. Iris Gris prend un départ distingué, à la fois poudreux et citronné, équilibré et agréable. Le cœur est beau, effectivement « gris » et fruité. La finale est un peu en retrait et peut-être moins riche qu'on ne l'attendait.

Une honnête eau de toilette discrète.

Sur un homme désinvolte,

sur une femme : en eau de toilette de jour raffinée et fraîche.

Quelle idée sacrilège d'avoir repris le nom d'un parfum disparu de Jacques Fath, l'un des plus grands de tous les temps!

✔ Iris Silver Mist (Shiseido)

Hybride parfait de la vivacité de la violette et la langueur d'un alcool de poire, la senteur de racine d'iris répand une lumière cendrée qui évoque la noblesse sans apprêt de certaines photos anciennes. Le problème pour le parfumeur est de colorier ce grand corps si gracieusement distant.

Le premier Iris Gris (Jacques Fath) avait opté pour une note de bonbon anglais et obtenu l'équivalent olfactif d'un taffetas gorge-de-pigeon. Shiseido poursuit le programme esthétique à la fois abstrait et respectueux de la matière dont Féminité du Bois était le manifeste. Iris Silver Mist prolonge un iris saturnien miraculeusement vrai par des notes de bois résineux et obtient un effet presque tactile de propreté soyeuse dans la masse qui n'appartenait jusqu'ici qu'au bois flotté rejeté par la mer.

Une réussite totale, le seul iris actuel digne du nom.

Isles d'Or (Molinard)

Naturel, appétissant, vanillé, Isles d'Or donne une impression de plénitude fluide et transparente, comme une grande phrase d'orchestre reprenant un thème favori après la *cadenza* du soliste.

Sans être très original, il apporte cette sonorité unique, cet « accent de la vérité », qui n'appartient désormais qu'aux grands parfumeurs utilisant les meilleures essences naturelles. Recommandé.

Disponible également sous forme de cire de fleurs naturelles : le concréta ou parfum solide, spécialité de Molinard, une des rares formes de parfum à ne pas contenir d'alcool.

Iris Gris (Maître Gantier)

In command of his new house, Jean Laporte is remaking a series of masculine eaux de toilettes based on lovely floral and woody notes. Iris Gris takes a distinguished top note, both powdery and lemony, balanced and pleasant. The heart is beautiful, actually "gray" and fruity. The drydown is a bit of a step back and perhaps less rich than expected.

An honest, discreet eau de toilette.

On a man at leisure,

on a woman: as a daytime eau de toilette, refined and fresh.

What a sacrilegious idea, to take the name of a discontinued Jacques Fath perfume, one of the greatest of all time!

✔ Iris Silver Mist (Shiseido)

Perfect hybrid of the vivacity of violet and the languor of pear brandy, the scent of iris root diffuses an ashen light that evokes the unaffected nobility of certain old photos. The problem for the perfumer is to add color to this graciously distant, grand figure.

The first Iris Gris (Jacques Fath) opted for a note of English boiled sweets and obtained the olfactory equivalent of taffeta the color of a pigeon's throat. Shiseido pursues the aesthetic program, at once abstract and respectful of materials, of which Féminité du Bois was the manifesto. Iris Silver Mist extends a miraculously true, saturnine iris by notes of resinous woods and obtains an almost tactile effect of silken cleanliness that until now belonged only to driftwood rejected by the sea.

A total success, the only current iris worthy of the name.

Isles d'Or (Molinard)

Natural, appetizing, vanilla-scented, Isles d'Or gives an impression of fluid and transparent fullness, like a great orchestral phrase resuming a favorite theme after the soloist's *cadenza.*

Without being very original, it brings this unique sonority, this "ring of truth," which from now on belongs only to the great perfumers using the best natural essences. Recommended.

Also available in the form of natural flower wax: the concréta or solid perfume, a specialty of Molinard, one of the few forms of perfume to contain no alcohol.

Pour ceux et celles qui aiment la vanille mais qui la préfèrent en grand parfum plutôt qu'en essence simple.

Ivoire (Balmain)

Comme Mystère (Rochas), Ivoire appartient à cette pléiade de parfums du début des années 80 que j'appellerais « crémeux métalliques ». Ivoire est sans doute le meilleur d'entre eux, plus vert et plus riche que ses congénères.

L'excellence de sa construction se mesure au fait qu'il donne de lui-même, lorsqu'il est senti de loin, une image harmonieuse et fidèle, mais simplifiée, à grands traits. En se rapprochant, on découvre que sa forme lisse est en fait un assemblage de fleurs pâles et de poivre blanc.

Propre et stable, Ivoire est néanmoins un parfum très artificiel, une sorte de princière odeur de savon.

On ressent un certain dépaysement en le quittant pour une simple odeur naturelle, comme si après avoir écouté d'affilée trois quatuors pour saxophones on entendait à nouveau le bruit du vent dans les arbres.

Très marqué années 80, à porter en connaissance de cause.

Sur une femme : plutôt en jeans,
sur un homme: impeccable note verte à utiliser avec discrétion.

For those who love vanilla but prefer it in a grand perfume rather than as a simple essence.

Ivoire (Balmain)
Like Mystère (Rochas), Ivory belongs to this pleiad of perfumes of the early 1980s that I would call "creamy metallic." Ivoire is probably the best of them, greener and richer than its congeners.

The excellence of its construction is measured by the fact that it gives of itself, when smelled at a distance, a harmonious and faithful image, though simplified, in broad outline. As we near it, we discover that its smooth shape is actually an assembly of pale flowers and white pepper.

Clean and stable, Ivory is nevertheless a very artificial perfume, a kind of princely smell of soap.

We feel a certain disorientation when turning from it to a simple natural smell, as if after listening to three saxophone quartets in a row, we heard anew the sound of the wind in the trees.

Very markedly 1980s, to be worn only in full knowledge of the fact.
On a woman: preferably in jeans,
on a man: impeccable green note, to be used with discretion.

J

Jardin Blanc (Maître Gantier)

Si le jasmin d'Acaciosa (Caron) était joué sur une flûte traversière en or, Jardin Blanc l'est sur la flûte de pan, et l'on ne peut comprendre l'un sans l'autre. L'évolution civilisante d'un instrument et d'une essence florale vont souvent dans le même sens : réduction des harmoniques et des partielles « râpeuses », pas nécessairement en simplifiant la formule, mais en la hiérarchisant, en la subordonnant à un effet esthétique plus pur mais moins personnel.

Or, l'illusion de la matière est souvent liée à ses minuscules imperfections, à son « grain ». Je ne sais si Jardin Blanc a été conçu par la technique dite des « fleurs vivantes », censée restituer le spectre olfactif complet d'une fleur, mais c'est un des rares « fleurs blanches » que je connaisse à procurer le chatouillis râpeux dans la gorge qui seul peut nous dire : « c'est une vraie fleur ».

Très direct et floral, plutôt un parfum de jour.

Jardins de Bagatelle (Guerlain)

Introduit sur une image publicitaire ambiguë, à la fois bucolique et artificieuse, de jeune femme courant parmi les fleurs vêtue d'un justaucorps de dentelle élastique, ce parfum frais et acide a été le chef de file des bouquets « iridescents ». Jardins de Bagatelle a connu un énorme succès immédiatement après sa sortie, mais semble avoir maintenant quitté le devant de la scène.

Métallique, froide, très claire, un peu piaillante, sa note fait aujourd'hui penser au parfum d'ambiance que l'on s'attendrait à rencontrer en entrant dans un avion de ligne vide. Un peu à part et au-dessous du reste de l'extraordinaire gamme Guerlain.

J

Jardin Blanc (Maître Gantier)

If the jasmine of Acaciosa (Caron) was played on a golden flute, Jardin Blanc plays it on the pan flute, and it is impossible to understand one without the other. The civilizing evolution of an instrument and a floral essence frequently follow the same direction: a reduction of harmonics and raspy partials, not necessarily to simplify the form, but to place it in a hierarchy, in service of an aesthetic effect cleaner but less distinctive.

Now, the illusion of a material is often linked to its minute imperfections, to its "grain." I do not know if Jardin Blanc was conceived by the so-called "living flower" technique, supposed to restore the complete olfactory spectrum of a flower, but it is one of the rare "white flowers" that I know to provide the raspy tickling in the throat which alone can tell us: "this is a real flower."

Very straightforward and floral, best as a daytime scent.

Jardins de Bagatelle (Guerlain)

Introduced by an ambiguous advertising image, at the same time bucolic and artificial, of a young woman running through a field of flowers while dressed in a stretchy lace leotard, this fresh, crisp scent was the leader of a line of "iridescent" bouquets. Jardins de Bagatelle experienced a huge success immediately after release but now seems to have exited the forefront of the scene.

Metallic, cold, very bright, a little screechy, its note today makes one think of the air freshener that one would expect to encounter on entering an empty passenger jet. A bit apart from and beneath the rest of the extraordinary Guerlain range.

Jazz (Saint-Laurent)

Moins coupant et contrasté que ne le présage son très beau flacon noir et blanc, Jazz reprend à son compte l'intéressante note de pomme-tabac de Green Irish Tweed (Creed) mais sous une forme plus courte et moins fruitée, et la place dans un contexte classique rappelant de loin son prédécesseur YSL pour homme (Saint-Laurent).

Pas désagréable, mais un peu sommaire tout de même.

Jazz se prend pour une voiture et existe maintenant en version Prestige, qui diffère de la berline normale par une meilleure finition et un prix plus élevé. On attend avec impatience Jazz Turbo Diesel 4x4.

Je Reviens (Worth)

On entre dans Je Reviens comme en un adagio de concerto pour hautbois : lente introduction orchestrale en ronde de nuit, éclairant tour à tour à la lanterne vitrée des bribes de thème, pour les replonger bientôt dans l'obscurité ; puis silence nouveau sous les étoiles. Apparition soudaine et toute proche de la note unique de Je Reviens, verte et opaline, comme une liane luminescente que l'on suit au fur et mesure qu'elle se déroule ; modulations aux contours de plus en plus nets... Mais là, le parfum abat son formidable atout : il est, parmi tous les arts, le seul qui échappe l'obligation d'en finir. La mélodie de Je Reviens continue en s'éloignant.

Un classique qui transcende les genres et les époques.

Idéal dans un style un peu bas-bleu.

✔ Jicky (Guerlain)

Jicky, c'est l'archangélique Séraphîta de Balzac. On le dit immortel : né il y a un siècle, il a été tout de suite et pour toujours une beauté de trente ans. Nul ne sait s'il est homme ou femme, tous l'ont vu le même soir au bras de belles et de beaux. On croit l'avoir compris, se l'être attaché; on le retrouve, méconnaissable et rieur, sur la peau d'un autre. Il fait son entrée dans un prodigieux accord qui enjambe quatre octaves du brun de la terre au bleu du ciel. Il passe, laissant un sillage énigmatique et souriant.

La quintessence de l'esprit Guerlain.

Sur un homme: en sourdine,

Jazz (Saint-Laurent)

Less sharp and contrasting than was foretold by its beautiful black and white bottle, Jazz takes up the interesting note of apple-tobacco from Green Irish Tweed (Creed) but in abbreviated and less fruity form, and places it in a classical context reminiscent of its predecessor YSL pour Homme (Saint-Laurent).

Not unpleasant, but a little perfunctory all the same.

Jazz mistakes itself for a car and now exists in a Prestige version, which differs from the ordinary sedan by a better finish and a higher price. We look forward to Jazz Turbo Diesel 4x4.

Je Reviens (Worth)

We enter Je Reviens as into an adagio movement of an oboe concerto: a slow orchestral introduction like a night watchman, each step illuminating with a glass lantern small scraps of the theme, soon to plunge back into darkness; then silence anew under the stars. The unique note of Je Reviens makes a sudden and very close appearance, green and opalescent, like a glowing vine that we follow as it unfolds; modulations with clearer and clearer contours …. But here, perfume reveals its great asset: it is, among all the arts, the only one not obliged to come up with an ending. The melody of Je Reviens continues drawing slowly away.

A classic that transcends genre and era.

Ideal for a slightly bluestocking style.

✔ Jicky (Guerlain)

Jicky is the archangelic Séraphîta of Balzac. They say it is immortal: born a century ago, immediately and for all time a thirty-year-old beauty. Man or woman, no one knows: everyone saw it the same evening on the arms of both the beautiful and the handsome. One believes one has understood it, attached oneself to it; then one finds it, unrecognizable and laughing, on the skin of another. It makes its entrance in a prodigious accord that spans four octaves from the brown of earth to the blue of heaven. It passes, trailing an enigmatic wake and smiling.

The quintessence of the Guerlain spirit.

On a man: muted,

sur une femme : pas tous les jours, pour ne pas en faire une habitude,
à éviter: le style femme active, le style chic canaille.

L'actuel parfum de toilette dans le superbe flacon standardisé Guerlain est le meilleur Jicky de mémoire d'homme, parfaitement riche et distinct, comme si sa formule avait été nettoyée. Les produits de bain sont loin au-dessous du point de vue parfum, mais tout à fait agréables.

Jolie Madame (Balmain)

Chaque oeuvre d'art a un âge qui lui est propre et invariable : certaines œuvres naissent jeunes et pleines de sève et le restent, d'autres rougeoient perpétuellement comme un soleil couchant. Ainsi Vent Vert et Jolie Madame, les deux grands parfums Balmain, sont deux emblèmes opposés.

Tout en Jolie Madame est mûr, évolué, recuit, poudreux. On y devine une beauté brune aux grands traits sereins, un paysage de terre ocre balayé par le vent. On y sent des fruits méditerranéens séchés pour l'hiver. Jusque dans sa couleur de miel sombre, Jolie Madame rappelle ces concentrés de lumière d'automne et de vieil or que sont les grands madères. Comme Quadrille (Balenciaga), Jolie Madame est la Marschallin du grand parfum français.

Très marqué années 50, mais relativement facile à porter par son côté sec et poudreux.

Sur une femme: élégante,
sur un homme : brun et mûr.

Joy (Patou)

Cette Rolls des parfums est mondialement célèbre pour la plus enfantine des raisons, c'est-à-dire un record, car il se présente comme le parfum le plus cher du monde. La ressemblance avec l'auguste berline va plus loin, d'ailleurs : comme elle, Joy est luxueux, confortable, un peu lourd, ni très exaltant ni très original. Mais, et cela devient chose rare, il est assemblé de main de maître à partir des matières premières les plus chères, en particulier des essences de rose et de jasmin qui sont comme un voyage dans les temps glorieux de la parfumerie française.

Jules (Dior)

Une des moins tristes parmi les eaux de toilette pour homme résolument « viriles », Jules parvient à dissimuler une certaine pauvreté de structure derrière une note de départ distinguée et mélancolique, qui rappelle des très loin le divin Cravache de Robert Piguet.

Jules est au parfum boisé ce que le plaqué 0,5 mm est à l'acajou massif.

on a woman: not every day, not to make a habit of it,
to be avoided: sporty feminine or rakish style.

The current parfum de toilette in the beautiful standard Guerlain bottle is the best Jicky in human memory, perfectly rich and distinct, as if its formula had been cleaned up. The bath products are far inferior from the point of view of the perfume, but entirely enjoyable.

Jolie Madame (Balmain)

Every work of art has its age, proper to it and invariable: some works are born young and full of sap and remain so, while others perpetually glow like a setting sun. So Vent Vert and Jolie Madame, the two great fragrances of Balmain, are two opposing emblems.

Everything in Jolie Madame is mature, refined, weathered, and powdery. One can sense a brunette beauty with grand, serene features, a landscape of ocher earth raked by the wind. There one smells Mediterranean fruits dried for the winter. Even in its color of dark honey, Jolie Madame recalls those concentrates of autumn light and old gold that are the great Madeira wines. Like Quadrille (Balenciaga), Jolie Madame is the Marschallin of grand French perfume.

Very 1950s but relatively easy to wear due to its dry, powdery aspect.
On a woman: elegant,
on a man: dark-haired and mature.

Joy (Patou)

This Rolls-Royce of fragrance is world famous for the most childish of reasons, which is to say, a record, because it is presented as the most expensive perfume in the world. Its resemblance to the august sedan goes even further: like the Rolls, Joy is luxurious, comfortable, a little heavy, neither very exhilarating nor very original. But, what is becoming rare, it is assembled by masterful hand from the most expensive raw materials, in particular, essences of rose and jasmine that are like a journey into the glory days of French perfumery.

Jules (Dior)

One of the least sad among the resolutely "manly" eaux de toilette, Jules succeeds in concealing a certain poverty of structure behind a distinguished and melancholy top note, distantly reminiscent of Robert Piguet's divine Cravache.

Jules is to woody fragrance what 0.5 mm veneer is to solid mahogany.

K

Kenzo (Kenzo)

Les notes fruitées vertes étaient jadis comme le printemps d'un fruit, l'excitation d'un début de soirée, le sourire d'une première rencontre : la promesse d'une douceur à venir. Suivant sagement la nature, les parfums à départ frais se réchauffaient dans l'intimité.

Le synthétique a arrêté l'horloge de ces saisons du cœur : on peut maintenant faire des parfums acerbes et transis. Kenzo échoue comme Jardins de Bagatelle (Guerlain), car on ne cite pas la nature sans en suivre les lois : la jeunesse devient un masque, le sourire se fige, le fruit reste amer. Il faut être bien triste pour siffloter un air guilleret à trois heures du matin.

Kenzo pour Homme (Kenzo)

Kenzo a été un des précurseurs d'une nouvelle et à mon sens très importante tendance que l'on serait tenté d'appeler visuelle, ou mieux encore spatiale. Libérées de toute connotation « d'intérieur » aussi bien gustative (vanille, orange) que liturgique (bois, encens), certaines notes synthétiques récentes s'ouvrent en grand sur la pureté tonique qu'on associe au grand air et à la nature inviolée.

Kenzo, après une note initiale acerbe et fruitée, débouche par enchantement sur une puissante odeur marine de goémon et d'iode. Une fois surmontée la surprise, on cligne des yeux dans un matin pâle de plage atlantique.

Un parfum surexposé, panoramique et salin, probablement le plus réussi dans sa catégorie qui a donné des parfums lassants.

Sur un homme qui veut surprendre,
sur une femme : de jour,
à éviter : tout mélange avec une autre odeur.

K

Kenzo (Kenzo)

Green fruity notes were once like the springtime of a fruit, the excitement of early evening, the smile of a first meeting: the promise of sweetness to come. Wisely following nature, fragrances with a fresh start warmed up on more intimate acquaintance.

Synthetics have stopped the clock of these seasons of the heart: we can now make tart and icy perfumes. Kenzo fails as does Jardins de Bagatelle (Guerlain), because you mustn't refer to nature without following its laws: youth becomes a mask, a smile freezes in place, the fruit stays bitter. You've got to be pretty sad to whistle a cheerful tune at three in the morning.

Kenzo pour Homme (Kenzo)

Kenzo was one of the precursors of a new and in my opinion very important trend that one would be tempted to call visual, or even better, spatial. Freed from any connotation of "interior" as well as gustatory (vanilla, orange) or liturgical (wood, incense), some recent synthetic notes open wide upon an invigorating purity which one associates with fresh air and inviolate nature.

Kenzo, after an initial astringent and fruity note, opens, as if by an enchantment, upon a powerful marine smell of seaweed and iodine. Once you've gotten over the initial surprise, you blink in the pale morning of an Atlantic beach.

An overexposed perfume, panoramic and saline, probably the most successful in a category that has provided so many boring fragrances.

On a man: who wants to surprise,
on a woman: daytime wear,
to be avoided: mixing with any other smell.

KL (Lagerfeld)

Les deux KL, homme et femme, se ressemblent par leur départ épicé enthousiasmant bientôt suivi d'un petit trot économe. KL femme s'installe sur une note d'écorce d'oranges fort agréable. KL homme rentre dans le rang des suaves sans grand relief. Bien faits, mais un peu pauvres.

Knowing (Estée Lauder)

De nombreux parfumeurs, tel Montana avec Parfum de Peau, ont depuis 85 essuyé les plâtres d'une nouvelle note de « rose » fluorescente en la mettant trop en avant. Plus prudemment, Knowing l'ensevelit sous une épaisse et appétissante couche de miel et de pop-corn beurré chaud auxquels elle confère une tonalité rougeoyante d'éclairage de devanture. Sur la peau, l'érosion du temps finit par révéler la rose centrale brûlant de tous ses feux.

Si l'on préfère Knowing dans ses notes de tête à mon avis plus harmonieuses, il suffira de le vaporiser dans l'intérieur des vêtements. Un parfum éclatant mais bien maîtrisé, un des meilleurs dans sa catégorie.

Sur une femme : en parfum de jour à petites doses.

Kouros (Saint-Laurent)

Étonnante transposition du thème fougère, Kouros est l'équivalent olfactif du coup de gong, dont le son n'a pas de « hauteur » car il couvre tout le spectre sonore. Une base ambre-cuir à la fois sombre, suave et très poudreuse dégage une aura qui irradie au loin une note propre rappelant la peau et les cheveux. Cet équilibre précaire entre le chimique et l'humain fonctionne parfaitement et fait de Kouros le parfum pour homme le plus insolite des vingt dernières années. Seul Saint-Laurent pouvait faire « passer » une telle audace sans choquer personne.

Un parfum unique, inimitable.

Sur une femme : idéal en eau de toilette de jour,
sur un homme : ne pas forcer la dose.

KL (Lagerfeld)

Both KL fragrances, for men and for women, are similar, with exciting spicy top notes soon followed by a steady jogging pace. KL Femme settles on a note of very pleasant orange peel. KL Homme enters the rank of sweet perfumes without relief. Well done, but a bit cheap.

Knowing (Estée Lauder)

Many perfumers, such as Montana with Parfum de Peau, since 1985 have dealt with the challenges of a new fluorescent "rose" note by foregrounding it too heavily. More prudently, Knowing buries it beneath a heavy and appetizing layer of honey and hot buttered popcorn, with a reddened glow as if under warming lamps. On skin, the erosion of time ends by revealing the central rose burning in all its fire.

If you prefer the top notes of Knowing, in my opinion more harmonious, spray it inside clothes. A radiant but restrained perfume, one of the best in its category.

On a woman: daytime fragrance in small doses.

Kouros (Saint-Laurent)

Stunning transposition of the fougère theme, Kouros is the olfactory equivalent of the clang of a gong, whose sound has no "pitch" because it covers the entire sound spectrum. An amber-leather base, at once dark, sweet and very powdery, releases an aura that radiates a clean note reminiscent of skin and hair. This precarious balance between the chemical and the human works perfectly and makes Kouros the most unusual perfume for men in the last twenty years. Only Saint-Laurent could get away with such audacity without shocking anyone.

A unique, inimitable fragrance.

On a woman: ideal in eau de toilette for daytime,
on a man: don't overdo it.

L

L'Air du Temps (Nina Ricci)

Les parfums féminins Nina Ricci ressemblent à des héroïnes de roman rose : les robes du soir blanches leur vont à ravir, page 67 elles embrassent le grand chirurgien pour la première fois, page 231 le soleil se couche sur les *faraglioni* de Capri, bref, tout va bien. L'Air du Temps est un très beau parfum suave, fleuri et poudré fait sur mesure pour ceux et celles qui, sans préjuger de leurs motifs, pleurent en écoutant la *Sonate au clair de Lune*.

L'Heure Bleue (Guerlain)

L'Heure Bleue, c'est un étal de friandises pour écoliers musards. Cela commence par un de ces chewing-gums en billes pastel multicolores, dans un grand pot en verre, qui déboulent au creux de la main lorsqu'on tourne la poignée métallique. Cela continue par une ou deux grosses boules de coco couleur eau de Nil. Et cela se termine par un bloc de massepain frais, biseauté comme un lingot et lourd comme l'or. Un festin à dévorer dans l'alcôve, avec le complice de vos plaisirs.

Pour ceux et celles qui aiment ne pas savoir le temps qu'il fait dehors pendant une journée entière.

L'Heure Exquise (Annick Goutal)

Très intéressant parfum au départ vert et à finale poudreuse d'iris très riche et stable qui trouve une place intermédiaire entre N° 19 (Chanel) et Dioressence (Dior), d'autant plus bienvenu que celui-là est peu tenace en eau de toilette et que celui-ci a subi une cure d'amaigrissement qui le dépare.

L

L'Air du Temps (Nina Ricci)

Nina Ricci's feminine fragrances resemble the heroines of romance novels: white evening gowns delight them, on page 67 they embrace the great surgeon for the first time, on page 231 the sun sets on the *faraglioni* of Capri, and in short, everything is fine. L'Air du Temps is a beautiful, suave, floral and powdered perfume tailor-made for those who, without prejudging their motives, cry while listening to the *Moonlight Sonata*.

L'Heure Bleue (Guerlain)

L'Heure Bleue is a candy store for idle schoolchildren. It begins with a large glass jar of those pastel, multicolored chewing-gum balls, which tumble into the palm of your hand when you turn the metal handle. This continues with one or two large coconut balls the color of eau de Nil. And it ends with a block of fresh marzipan, beveled like an ingot and heavy as gold. A feast to devour in the alcove, with the accomplice of your choice.

For those who like to go the whole day without knowing what the weather's like outside.

L'Heure Exquise (Annick Goutal)

Very interesting perfume with a green top note and a powdery finish of very rich and stable iris, which finds an intermediate place between N° 19 (Chanel) and Dioressence (Dior), all the more welcome as the former is not very tenacious in eau de toilette and the latter has been defaced by a weight loss regimen.

✔ **La Coupe d'Or (Parfums de Rosine)**

La légendaire maison de parfums du couturier Paul Poiret revit dans une minuscule boutique des Jardins du Palais-Royal. Le nom est le même, mais le parfum est moderne. En sentant La Coupe d'Or, on comprend à quel point l'époque des parfums intimes, pleins de recoins sombres, comme éclairés à la bougie, est bien révolue : aujourd'hui, les parfums émanent la lumière aveuglante d'un intérieur de soucoupe volante. Seule la distance permet de discerner les formes colorées qui les habitent. Avec sa note de pomme magnifiquement intense et poudrée, La Coupe d'Or est un sillage friand à l'état pur.

Excellent, à explorer sans tarder.

La Nuit (Paco Rabanne)

La Nuit est un parfum difficile. Son départ composite et dissonant retient l'intérêt, de même que l'on prend plaisir, avant un concert, à entendre l'orchestre accorder ses instruments. La dissonance s'amplifie avec l'entrée des solistes : des notes acides et un peu grasses prennent le dessus.

J'avoue avoir fait fausse route sur ce parfum dans la précédente édition de ce guide : je l'avais trouvé mauvais, alors qu'il est simplement difficile à porter. Sur une jeune femme désinvolte, son accord un peu clinquant peut être séduisant.

✔ **La Perla (La Perla)**

Cette marque de somptueuse lingerie donne son nom à un solide parfum résineux-floral basé sur une anguleuse note de rose qui vient à point prendre la place laissée vacante par 7ème Sens (Sonia Rykiel) et Ellipse (Jacques Fath), disparus depuis longtemps.

Très années 80, mais bien fait et peu courant.

Proche de Rose de Nuit (Shiseido), mais plus dur et moins transparent.

✔ **La Prairie (La Prairie)**

Avec son nom de clinique de désintoxication et son emballage acier, La Prairie traduit bien l'idée d'espace inviolable et immaculé que la Suisse exporte, emprisonnée dans chaque montre.

Selon un cliché actuel, la propreté y est signifiée par une forte dose de la note métallique popularisée par l'Eau d'Issey. Pour rassurer le patient, les créateurs de La Prairie ont équilibré cette blancheur de

✔ La Coupe d'Or (Parfums de Rosine)

The legendary perfume house of couturier Paul Poiret lives again in a tiny shop of the Jardins du Palais-Royal. The name is the same, but the perfume is modern. Smelling La Coupe d'Or, one understands how the era of intimate fragrances, full of dark recesses, as if candlelit, came to an end: today, fragrances emanate the blinding light of the interior of a flying saucer. Only with distance can one discern the colored forms that inhabit them. With its wonderfully intense and powdery apple note, La Coupe d'Or is a mouthwatering sillage in the pure state.

Excellent, try it without delay.

La Nuit (Paco Rabanne)

La Nuit is a difficult fragrance. Its composite and dissonant top note holds our interest, as one might take pleasure, before a concert, in hearing the orchestra tuning its instruments. The dissonance increases with the entrance of the soloists: acidic and slightly oily notes take over.

I confess to have taken a wrong turn on this perfume in the previous edition: I judged it bad, while it is simply difficult to wear. On a casual young woman, its slightly tawdry accord can be seductive.

✔ La Perla (La Perla)

This brand of sumptuous lingerie gives its name to a solid resinous-floral perfume based on an angular rose note, which arrives just in time to fill the vacancy left by 7ème Sens (Sonia Rykiel) and Ellipse (Jacques Fath), long gone.

Very 1980s, but well done and uncommon.

Close to Rose de Nuit (Shiseido), but harsher and less transparent.

✔ La Prairie (La Prairie)

With its detox-clinic name and steel packaging, La Prairie conveys the idea of inviolable and immaculate space that Switzerland exports imprisoned in each watch.

According to a current cliché, cleanliness is signified by a strong dose of the metallic note popularized by Eau d'Issey. To reassure the patient, the creators of La Prairie have balanced the whiteness of this

scialytique par une note de miel et comblé les trois octaves centrales d'un accord floral très intense.

Le centre de gravité de ce parfum est donc situé au bon endroit et la première impression est éblouissante. Cependant, les forces en présence sont telles que le moindre déséquilibre vers l'aigu produit l'effet vrillant que l'on ressent au sortir de chez le dentiste lorsque la xylocaïne faiblit.

✔ La Rose de Rosine (Parfums de Rosine)

La Rose de Rosine, premier parfum « réédité » par la maison rendue célèbre par Paul Poiret dans les années 20, est un audacieux contraste entre un moelleux édredon de roses naturelles, fraîches et citronnées et une belle note nerveuse et verte de violette synthétique. Sa finale discrète, propre et légère en fait un excellent parfum d'homme. À explorer. Les parfums de Rosine sont vendus dans la boutique de la maison, Jardins du Palais-Royal à Paris.

Land (Lacoste)

Réincarnation délavée des merveilleuses eaux de toilettes italiennes de la fin des années 60 tel Silvestre (Victor), Land tente la simplicité avec une note d'épices assez originale mais sans épaisseur, qui sent un peu le parfum d'ambiance chimique variété « savane ». Somme toute, un cadre chassant le lion reste un cadre.

Flacon original.

Lauren (Ralph Lauren)

Ce floral de belle qualité mais un peu mièvre date d'avant la mode récente de parfums énormes et sucrés qui a eu un grand succès aux États-Unis. Dans son style féminin et frais, Lauren est tout de même quelque peu ennuyeux : il ne suffit pas d'être délicat, encore faut-il avoir quelque chose à dire.

✔ Le Parfum (Sonia Rykiel)

L'ethnie des parfums épicés pose un problème inhabituel : ses créatures brunes et bronzées sont uniformément avenantes, telles des nymphes accueillant Ulysse naufragé ; laquelle a hérité du 7ème Sens ? Le Parfum tranche sur ses consœurs par un spacieux accord de départ fruit-bois qui rappelle Sublime et Anthracite en plus tropical.

operating room light with a honey note and filled the three central octaves with an intense floral harmony.

The center of gravity of this perfume is therefore well placed, and the first impression is dazzling. However, the forces involved are such that the slightest imbalance towards shrillness produces the spinning sensation that you feel after leaving the dentist once the xylocaine wears off.

✔ La Rose de Rosine (Parfums de Rosine)

La Rose de Rosine, the first perfume "reissued" by the house made famous by Paul Poiret in the 1920s, is a bold contrast between a fluffy featherbed of natural, fresh, lemony roses, and a lovely, nervous green note of synthetic violet. Its discreet, clean, and light finish makes it an excellent men's fragrance. Worth exploring. Parfums de Rosine are sold in the brand's own shop in the Jardins du Palais-Royal in Paris.

Land (Lacoste)

A washed-out reincarnation of the marvelous Italian eaux de toilette of the late 1960s, such as Silvestre (Victor), Land attempts simplicity with a fairly original yet lightweight spice note, which smells a little of a chemical room spray that might be called "Savannah." To sum up, a mid-level manager hunting a lion is still a mid-level manager.

Original bottle.

Lauren (Ralph Lauren)

This high-quality but slightly mawkish floral dates from before the recent fashion for huge sugary fragrances, which have had so much success in the United States. In its feminine, fresh style, Lauren is still somewhat boring : being delicate is not enough; you still need something to say.

✔ Le Parfum (Sonia Rykiel)

The tribe of spicy perfumes poses an unusual problem: these brunette and bronze-skinned beings are uniformly pleasing, like nymphs welcoming a shipwrecked Ulysses; yet who inherited the 7ème Sens? Le Parfum stands apart by a spacious accord, beginning with a fruity-woody top note reminiscent of Sublime and Anthracite but more tropical.

On comprend alors que le vide central de cette idée épouse exactement les contours d'un épicé classique. Pour ne pas surcharger la formule, il fallait laisser quelque chose à quai. Fort intelligemment, Le Parfum choisit d'abandonner le style « dame ».

Le résultat est le meilleur parfum de sa catégorie.

Léonard (Léonard)

Les parfums de cette maison dénotent un soin exceptionnel dans la recherche de notes de cœur épicées et originales. Après un départ chypré agréable, Léonard s'épanouit sur une note très spéciale d'iris qui rappelle le bois de campêche cher aux écoliers. La finale est belle et un peu en retrait. Élégant, riche et complexe sans agressivité, ce parfum peu connu mérite un détour.

Le Troisième Homme (Caron)

Le premier homme selon Caron fut un dandy ambigu (Poivre). Puis vint le papa rasé de près mais pas assagi pour autant (Pour un Homme).

De prime abord, Le 3e Homme dérange un peu : cette douceur langoureuse, ces épices inconnues sur terre, cette vigueur étrange; ce beau garçon si parfait ne serait-il pas plutôt un androïde? Avec le temps, on s'aperçoit que c'est cela qui fait son charme : comme Versace l'Homme (Gianni Versace), Le 3e Homme jette les bases d'une nouvelle parfumerie masculine.

Excellent.

Sur un homme : jeune, riche, beau, intelligent.

Lord (Molyneux)

On peut aimer ou détester, mais il fallait oser. Comme Yatagan (Caron), Lord est au parfum pour homme classique ce que l'ensemble de cuivres est à l'orchestre à Cordes. Là où Yatagan sonne le saxophone du carvi, Lord, après avoir très sommairement salué les notes hespéridées, rappelle plutôt le tuba par une sorte d'odeur de botte de foin : grave, puissante et un peu médicinale. Cette note très surprenante a du coffre sans être vulgaire.

Sur un personnage d'un film de Melville.

Molyneux semble être en perte de vitesse. Si vous aimez ses parfums, achetez-les avant qu'il ne soit trop tard.

We understand then that the central void of this idea follows exactly the contours of a classical spice fragrance. To avoid overloading the formula, it was necessary to leave something behind on the platform. Cleverly, Le Parfum chooses to abandon the matronly style.

The result is the best perfume in its category.

Léonard (Léonard)

The fragrances of this house indicate exceptional care in search of spicy and original heart notes. After a pleasant chypre start, Léonard opens on a very special note of iris reminiscent of the bois de campêche beloved of schoolchildren. The finale is beautiful and slightly removed. Elegant, rich, and complex without aggressiveness, this little known perfume deserves to be sought out.

Le Troisième Homme (Caron)

The first man, according to Caron, was an ambiguous dandy (Poivre). Then came the clean shaven but no less rakish daddy (Pour un Homme).

At first glance, Le 3e Homme disturbs a little: this languid sweetness, these alien spices, this strange vigor; this beautiful boy, so perfect, isn't he a bit of an android? With time, we realize this is the basis for his charm: like Versace l'Homme (Gianni Versace), Le 3e Homme lays the foundations of a new masculine perfumery.

Excellent.

On a man: young, rich, handsome, intelligent.

Lord (Molyneux)

You can love it or hate it, but you must dare it. Like Yatagan (Caron), Lord is to classical men's fragrance what the brass ensemble is to the string orchestra. Where Yatagan sounds the cumin saxophone, Lord, after a perfunctory salute of citrus notes, instead recalls a tuba via the smell of hay: deep, powerful, and a little medicinal. This very surprising note has a lot of puff without being vulgar.

Best on a character from a Melville film.

Molyneux seems to be losing momentum. If you like their fragrances, buy them before it's too late.

❀ Lords (Penhaligon)

Anciennement Douro, cette somptueuse création perpétue le parfum de l'homme soigné du début du siècle. Soutenu, soyeux et grave comme un accord d'orgue, il en émane une élégante mélancolie sans froideur. Ses notes très liées et sans agressivité se dissipent proprement. À mettre sur la peau, sans excès.

Très bel emballage

À éviter par ceux qui s'habillent british.

❀ Loulou (Cacharel)

La note agaçante de sirop concentré de Loulou fait penser à ces boules de Noël en verre métallisé violet floquées de neige sombre : à la fois rutilante et râpeuse, intense et éteinte, précieuse et factice.

Loulou a été un des premiers à explorer un continent caché situé en deçà du grand parfum, découvert par la chimie de synthèse lors du démontage qu'elle a opéré sur les senteurs naturelles. Le résultat est l'équivalent olfactif du minimalisme : volontairement incomplet, excessif, et en fin de compte libérateur par son absence totale de références autres qu'à la pure matière.

Loulou prononce une seule syllabe de la longue phrase qu'aurait été un parfum classique. L'intelligence de son créateur a été d'en faire un cri rauque et prenant.

Superbe emballage aux couleurs étranges.

Sur une très jeune femme de préférence.

❀ Lords (Penhaligon)

Formerly known as Douro, this sumptuous creation perpetuates the scent of a well groomed man at the turn of the century. Sustained, silken, and deep as an organ chord, it emanates an elegant melancholy without coldness. It is smooth and comfortable all the way through the drydown. To wear on skin, without excess.

Very handsome packaging.

To be avoided by those who affect British dress.

❀ Loulou (Cacharel)

The irritating note of Loulou's concentrated syrup is reminiscent of those purple metallic Christmas ornaments of blown glass flocked with dark snow: both rutilant and rough, intense and dim, precious and fake.

Loulou was one of the first to explore a hidden continent located just short of the great perfumes, discovered by synthetic chemistry during its deconstruction of natural scents. The result is the olfactory equivalent of minimalism: deliberately incomplete, over the top, and finally liberating by its total absence of reference to anything other than the pure material.

Loulou pronounces a single syllable of the long sentence that would have been a classic perfume. The intelligence of its creator has been to make it a raucous and catchy cry.

Superb packaging in strange colors.

Preferably to be worn by a very young woman.

M

Madame Rochas (Rochas)

J'ai dit plus haut au sujet d'Arpège (Lanvin) que les grands chyprés avaient un très fort air de famille. L'intérêt de Madame Rochas est que sa beauté austère, qui lui vient en droite ligne de N° 5 (Chanel), est ici blondie, élancée, éclaircie par une délicieuse note printanière de muguet tout en gardant le galbe parfaitement fondu qui caractérise les grands parfums de cette époque. Superbe.

Idéal avec un cabriolet DS Chapron couleur crème anglaise.

Madrigal (Molinard)

On connaît surtout cette vénérable maison grassoise pour son extraordinaire Habanita, mais ses autres créations méritent d'être mieux appréciées. Madrigal est construit autour d'un accord très naturel et plaisamment dissonant entre une note florale et une note de tilleul un peu « foin ». Ce qui lui donne son caractère très particulier, c'est que ces deux moitiés de l'accord relèvent respectivement du parfum féminin floral et du parfum masculin de type « fougère ». Leur somme a quelque chose de légèrement herbacé : on imagine une fleur des champs vivace et discrète dont les vertus curatives compenseraient l'aspect timide. Un parfum étrange et très intéressant.

Disponible également sous forme de cire de fleurs naturelles : le concréta ou parfum solide, spécialité de Molinard, une des rares formes de parfum à ne pas contenir d'alcool.

Sur une femme : original parfum de jour,
sur un homme : élégant et audacieux.

M

Madame Rochas (Rochas)

I said above about Arpège (Lanvin) that the great chypres had a very strong family resemblance. What is interesting about Madame Rochas is that its austere beauty, which comes to it in a direct line from N° 5 (Chanel), is here made blond, slender, and light by a delicious spring note of lily-of-the-valley, while keeping the perfectly seamless figure that characterizes the great perfumes of this era. Superb.

Ideal with a DS Chapron cabriolet the color of crème anglaise.

Madrigal (Molinard)

This venerable house from Grasse is best known for its extraordinary Habanita, but its other creations deserve to be better appreciated. Madrigal is constructed around a very natural and pleasingly dissonant accord between a floral note and a "hay"-like linden note. What makes its special character is that these two halves of the accord pertain respectively to classical feminine floral fragrance and the masculine "fougère" type. Their sum has something slightly herbaceous: one imagines a field of modest perennial flowers whose curative virtues compensate for their timid aspect. A strange and interesting perfume.

Also available in the form of natural flower wax: the concreta or solid perfume, a specialty of Molinard, one of the rare forms of fragrance to contain no alcohol.

On a woman: an original daytime perfume,
on a man: elegant and daring.

Mille / 1000 (Patou)

Réincarnation florale/sèche de Que Sais-je ? du temps où ce dernier n'était pas réédité, 1000 est, par sa qualité sans compromis et sa curieuse tonalité stricte comme le lin, un parfum d'un autre âge. Étrangement androgyne et parfaitement luxueux.

Très (trop) cher.

Sur un homme : comme alternative plus douce à Or Black (Pascal Morabito).

✔ Minotaure (Paloma Picasso)

Minotaure, comme Globe (Rochas) et Witness (Jacques Bogart), est un parfum dépourvu de centre, conçu sur un accord éloigné de contrastes. L'idée est ici poussée à son point extrême : un cèdre synthétique sec et bleuté comme une fumée d'encens cube l'espace d'une charpente légère et durable, qui sert alors d'entrepôt de fruits secs et de baumes. Le résultat, une sorte d'épure de Sublime (Patou), est un des meilleurs parfums pour homme de ces dernières années.

Sur une femme : en alternative « gâteau sec » à Sublime (Patou), de jour.

Miss Dior (Dior)

Fraîchement ravalé, le nouveau Miss Dior est une version *Reader's Digest* du grand aldéhydé d'antan. Réservé aux adeptes du dégriffé.

♥ Mitsouko (Guerlain)

De parfum d'un autre age est un des rares à oser s'inspirer à la fois du confiseur et de l'apothicaire. Extraordinairement riche et complexe, il évoque un intérieur 1900, une tranche de cake goûtée pendant qu'un quatuor joue sous des lampes de Tiffany. Sa personnalité sombre, résineuse et mystique se drape dans le nuage de vanille et d'orage confite qui auréole les grandes créations de Guerlain.

Très personnel et orné, il se porte plus comme un bijou hérité que comme un parfum. Peut virer à l'acide sur certaines peaux, mais s'exprime bien sur les tissus.

L'actual parfum de toilette est idéalement intense et fidèle à l'original.

Sur un homme : chez soi, en veste intérieur,
Sur une femme : s'il raconte votre histoire,
à éviter : le porter pour séduire.

Mille / 1000 (Patou)

Floral/dry reincarnation of Que Sais-je? from before the latter was reissued, 1000 is, by its uncompromising quality and its curious stiffness as of linen, a perfume of another age. Strangely androgynous and perfectly luxurious.

Very (too) expensive.

On a man: as a softer alternative to Or Black (Pascal Morabito).

✔ Minotaure (Paloma Picasso)

Minotaure, like Globe (Rochas) and Witness (Jacques Bogart), is a perfume devoid of center, conceived upon an extended accord of contrasts. The idea is here pushed to its limit: a dry, bluish synthetic cedar, like a cloud of incense, constructs a light and durable latticework, which then serves as a storehouse for dried fruits and balsams. The result, a kind of blueprint of Sublime (Patou), is one of the best perfumes for men in recent years.

On a woman: as an alternative "tea cake" to Sublime (Patou), for daytime.

Miss Dior (Dior)

Recently restored, the new Miss Dior is a *Reader's Digest* version of the great aldehydes of yesteryear. Reserved for devotees of the declawed.

♥ Mitsouko (Guerlain)

This perfume from another era is one of the few to dare take inspiration from both the confectioner and the apothecary. Extraordinarily rich and complex, it evokes an interior circa 1900, a slice of cake tasted under Tiffany lamps while a quartet plays. Its somber, resinous, and mystical personality is draped in the cloud of vanilla and candied orange that glorifies the great creations of Guerlain.

Quite private and highly ornamented, it is worn more as an inherited jewel than as a perfume. May veer sour on some skins, but comes across well on fabric. The current parfum de toilette is ideally intense and true to the original.

On a man: at home, in your robe,
on a woman: if it tells your story,
to be avoided: with intent to seduce.

Monsieur Rochas (Rochas)

Familier et chaleureux et comme un bon thé auquel il emprunte ses notes, il fut en son temps un précurseur. Lisse, poli, en acajou verni, pas agressif et très naturel, ce parfum propre d'homme bien rasé est cependant un peu terne. À porter si l'on déteste les eaux de Cologne et l'on veut rester discret.

Pour un très jeune homme,
à éviter : cadre quinquagénaire.

✿ Montaigne (Caron)

Même l'aristocratique Caron a bien dû composer un instant avec la mode des grands parfums épicés. Mais, comme la duchesse de Guermantes qui battait la mesure à contretemps pour se distinguer des simples mélomanes, Caron a su attendre que le vacarme se taise pour dire l'inattendu.

Montaigne part de la somptueuse base chyprée typique de la maison, y ajoute la note brûlante et fruitée de vin liquoreux d'Alpona, et dissout le tout dans un nuage de poudre lumineuse qui en ronge les contours. Le résultat est superbe, d'une audace bien française : une serre futuriste ajoutée à l'aile ouest de Bal à Versailles (Jean Desprez).

Pour les femmes qui trouvent Alpona trop dur et qui veulent un parfum moderne très luxueux et assez inhabituel. Dans le même style voir également Balahé (Léonard).

Luxueux flacon dans sa cage dorée.

Montana Homme (Montana)

Dans son flacon superbement toc de piton rocheux de dessin animé, ce parfum résolument synthétique, anguleux et sombre construit un accord muscade-coriandre sur un fond de cèdre d'une étonnante ténacité. Dur, mais bon.

Moods Femme (Krizia)

La paire de parfums Moods fait penser à ces oiseaux de paradis dont le mâle et la femelle semblent appartenir à des espèces différentes. Moods Femme résulte sans doute de la technique des « fleurs vivantes », car après un départ fruité-frais entre citron et banane, il s'installe sur un plan fixe jaune et blanc d'une fleur rappelant le jasmin, si

Monsieur Rochas (Rochas)

Familiar and warming, and much like the good tea from which it bor-
rows its notes, this was in its time a trailblazer. Smooth, polished, in
varnished mahogany, unaggressive and quite unaffected, this proper
fragrance of a well-shaven man is nevertheless a little dull. To wear if
you loathe eaux de cologne yet you want to remain discreet.

Best on a very young man,
to be avoided: fiftysomething fellow.

❀ Montaigne (Caron)

Even the aristocratic Caron was required to compose for a moment in
the fashion of the great spicy fragrances. But, like the Duchesse de Guermantes, who kept time on the off-beat to distinguish herself from the
merely musical, Caron knew to wait for the din to subside before saying
the unexpected.

Montaigne starts from the sumptuous chypre base typical of the
house, adds the blazing fruity note of Alpona's sweet wine, and dissolves
the whole in a cloud of luminous powder that erodes the outline. The
result is superb, with a very French audacity: a futuristic greenhouse
added to the west wing of Bal à Versailles (Jean Desprez).

For women who find Alpona too harsh and want a very luxurious
and unusual modern perfume in the same style. See also Balahé (Léonard).

Luxurious bottle in a golden cage.

Montana Homme (Montana)

In its superbly cheesy bottle like a cartoon rock cliff, this resolutely synthetic, angular and dark perfume constructs an accord of nutmeg-cori-
ander on a cedar backdrop of astonishing tenacity. Difficult, but good.

Moods Femme (Krizia)

The Moods perfume pair make me think of those birds of paradise
whose male and female seem to belong to different species. Moods
Femme undoubtedly results from the "living flowers" technique, because after a fruity-fresh top note between lemon and banana, it settles
on a yellow and white still frame of a jasmine-like flower, so

extra-ordinairement détaillée et charnue que l'on croit la tenir dans sa main. Il est difficile de juger du tableau, car tout l'intérêt est dans la matière : Moods est un parfum hyper-réaliste, à la fois volontairement évident dans le sujet et maniaque dans la précision. Moods est moins un parfum qu'une sorte de fleur invisible à mettre à sa boutonnière.

Moods Homme (Krizia)

Moods Homme, c'est YSL (Saint-Laurent) revisité après un incendie : tout y est brun et noir, l'orange et le chypre sont devenus goudronneux, balsamiques et brûlés. Et pourtant, on reconnaît dans les poutres calcinées la forme élégante de la vieille bâtisse. Un parfum surprenant et agréablement médicinal, une sorte de cachou Lajaunie olfactif.

Sur une femme : plutôt en « contre-emploi ».

Mouchoir de Monsieur (Guerlain)

Longtemps réservée à Jean-Claude Brialy, cette opulente eau de toilette fait penser à une de ces oeuvres musicales qui sont rarement entendues parce qu'elles exigent des forces orchestrales difficiles et chères à réunir. Et le résultat en va de même : on reste ébahi de voir assemblé tant de monde, on reconnaît tous les ingrédients que l'on a appris à aimer dans des œuvres plus intimes (Jicky, Habit Rouge), et on en sort en se demandant si le résultat justifie effectivement les moyens (dans le cas de Mouchoir de Monsieur, le prix).

Si prodigieusement « vieux beau » qu'on ne l'imagine guère porté avec goût que par une femme.

Must (Cartier)

Cartier renoue ici, sans grand bonheur, avec une tradition qui s'était presque perdue : un parfum et une eau de toilette très différents, pas simplement plus et moins concentrés. L'eau de toilette Must est fraîche, propre et savonneuse, proche du magnifique Vivre (Molyneux) mais sans grand mystère. Offrez-vous l'original.

Le parfum, lui, est une tout autre histoire. Dès les notes de tête, on voit arriver comme un convive non invité et notoirement raseur un écœurante note sucrée qui rappelle un assortiment bon marché de chocolats fourrés aux fruits. Cette note, qui a depuis été reprise, entre autres, dans Dune (Dior) est douée d'une ténacité de parasite et d'une

extraordinarily detailed and fleshed out that it seems it must sit in your hand. It is difficult to judge the big picture, because all the interest is in the material: Moods is a hyperrealist perfume, both deliberately obvious in subject and maniacal in precision. Moods is less a perfume and more a sort of invisible flower to put in your buttonhole.

Moods Homme (Krizia)

Moods Homme is YSL (Saint-Laurent) revisited after a fire: everything is brown and black, the orange and the chypre have become tarry, balsamic and burned. And yet one recognizes in the calcined beams the elegant form of the old building. A surprising and pleasantly medicinal perfume, a kind of olfactory Lajaunie breath mint.

On a woman: preferably "against type."

Mouchoir de Monsieur (Guerlain)

Long reserved solely for use by Jean-Claude Brialy, this opulent eau de toilette makes me think of one of those musical works that are rarely heard because they require orchestral forces that are difficult and expensive to assemble. And the result is the same: we are amazed to see so much gathered together, we recognize all the ingredients that we have learned to love in more intimate works (Jicky, Habit Rouge), and we come out wondering if the result really justifies the means (in the case of Mouchoir de Monsieur, the price).

So prodigiously "aging playboy" that one can imagine it tastefully worn only by a woman.

Must (Cartier)

Cartier revives here, without much joy, a tradition that was almost lost: a parfum and an eau de toilette very different from each other, not just more or less concentrated. The eau de toilette of Must is fresh, clean, and soapy, close to the magnificent Vivre (Molyneux), but without much mystery. Treat yourself to the original.

The parfum itself is a different story. From the top notes, we see arrive, as we would an uninvited and notoriously boring guest, a loathsome sugary note reminiscent of a cheap assortment of fruit-filled chocolates. This note, which has since been repeated in, among others, Dune (Dior), is endowed with the tenacity of a parasite and the

vigueur de mutant. Heureusement, le remède existe : une bonne douche.

❀ Mystère (Rochas)

Habilement construit comme toutes les créations de Rochas, Mystère parvient à éviter l'atmosphère brutale, pauvre et clinquante qui menace les parfums moins réussis de la fin des années 70.

Sa tonalité assez animale de crème et de poivre vert, sans aspirer à une grande originalité, est néanmoins remarquablement liée, agréable et stable.

Mystère crée autour de lui une ambiance chaude et cossue, raffinée et sans dissonance. Un très bon parfum, injustement méconnu.

Son flacon elliptique au volume développé en diagonale a beaucoup de charme.

Le parfum est meilleur que l'eau de toilette.

Sur un homme: très masculin à petites doses,
sur une femme : en jeans et pull-over,
à éviter: or et paillettes.

vigor of a mutant. Fortunately, the cure exists: a good shower.

❁ Mystère (Rochas)

Skillfully constructed as all the creations of Rochas, Mystère manages to avoid the brutal, cheap, and tawdry feeling that threatens the less successful perfumes of the late 1970s.

Its rather animalic tone of cream and green peppers, without aspiring to great originality, is nevertheless remarkably coherent, pleasant, and durable. Mystère creates around itself a warm and opulent atmosphere, refined and without dissonance. A very good fragrance, unjustly underrated.

Its elliptical bottle with a volume developed along the diagonal is quite charming.

The perfume is better than the eau de toilette.

On a man: very masculine in small doses,
on a woman: in jeans and a pullover,
to be avoided: glitter and gold.

N

✔ **Nagada (Pascal Morabito)**
La seconde génération des fruités frais synthétiques tente d'amollir les notes aiguës avec des basses sucrées. Nagada opte pour un édulcorant sans douceur qui rappelle la senteur brûlante des tabacs pour pipe au miel.

Le résultat est à la fois perçant et ouaté, comme le timbre d'un sifflet à deux tons. Bon et intéressant.

Nahema (Guerlain)
J'avoue avoir eu longtemps du mal à comprendre les deux parfums féminins de Guerlain des années 70, Parure (1975) et Nahema (1979). Au moment de leur sortie, j'étais encore jalousement épris de leur prédécesseur, le sublime Chamade, et ils m'avaient semblé manquer de personnalité. L'évolution du parfum a montré depuis qu'ils devançaient la mode, qu'ils contenaient en embryon des tendances qui ont fait fortune.

L'exhalaison de rose soyeuse de Nahema, ce chœur de voix « blanches » tout proche et pressant, cette note de pêche poudreuse comme un voile sur le visage, tout cela me semblait un peu artificieux.

Depuis, on a vu cette formule aboutir à des créations intenses comme Trésor (Lancôme). Cela nous fait apprécier différemment la relative modestie de Nahema, que l'on ressent maintenant comme politesse plutôt que comme indécision.

Narcisse (Chloé)
Narcisse procède de la même démarche maniérée que Cabotine (Grès) : créer un parfum « jeune » dans la foulée d'un classique très « dame » et prétendument un peu dépassé. Or, comme chacun croit savoir, les jeunes filles n'aiment que les fleurs niaises et les couleurs vives. Narcisse lorgne du côté de l'intègre Trésor (Lancôme) mais s'excuse mal à propos de sa note un peu punkette en la sucrant à l'excès.

N

✔ **Nagada (Pascal Morabito)**
The second generation of synthetic fresh fruity scents tries to temper the high notes with sugary bass. Nagada opts for a sweetener without softness that recalls the scent of honeyed pipe tobacco.

The result is both piercing and padded, like the timbre of a two-tone whistle. Good and interesting.

Nahema (Guerlain)
I admit to having had a hard time understanding the two Guerlain feminine perfumes of the 1970s, Parure (1975) and Nahema (1979). At the time of their release, I was still jealously in love with their predecessor, the sublime Chamade, and they seemed to me lacking in personality. The evolution of perfume has since shown that they were ahead of their time, that they contain, in embryo, tendencies that have since made a fortune.

The exhalation of Nahema's silken rose, this chorus of close and urgent choral voices, this note of powdery peach like a veil over the face, all this seemed to me a little phony.

Since then, we have seen this formula lead to intense creations like Trésor (Lancôme). It makes us appreciate differently Nahema's relative reserve, which now feels more like politeness than indecision.

Narcisse (Chloé)
Narcisse proceeds from the same affected approach as Cabotine (Grès): to create a "young" perfume following in the steps of a "ladylike" and supposedly slightly outdated classic. Now, as everyone knows, young girls love only inane flowers and bright colors. Narcisse gives a longing sideways glance at Trésor (Lancôme) but compensates badly for its slightly punk note by sweetening it to excess.

Narcisse Noir (Caron)

Si audacieux et turbulent que Caron a dû lui donner un petit frère sage (Narcisse Blanc), ce parfum claque comme une oriflamme bouton-d'or rayée de noir. Narcisse Noir est un pont suspendu entre l'acide et le sucré, enjambant un grand vide qu'un parfumeur moins doué se serait entêté à remplir. Même nappé de la base crémeuse et discrète des grands parfums Caron, il reste vif et ironique.

Sur les femmes : pour les élégantes sans langueur.

♥ ✿ New York (de Nicolaï)

La preuve que le talent triomphe de toutes les difficultés. Une gageure : réunir une foule de notes apparemment familières (talc, oranges) et aboutir à un résultat tout neuf, maintenir l'ambiguïté sans tomber dans la dissonance. Extraordinairement éclectique et évasif, complexe et doré comme une horloge astronomique, New York montre chaque jour une facette différente de son âme fruitée et heureuse.

Flatteur, discret, appétissant, il rend hommage aux grandes « confiseries » pour élégant(e)s de Guerlain, mais sa conception audacieuse annonce l'avenir. Représente probablement la première réussite totale et durable du parfum unisexe moderne : on ne se fatigue pas de sa note, on ne perce que difficilement sa structure. Un des grands parfums des vingt dernières années.

Très beau flacon éprouvette.

S'épanouit mieux sur la peau que sur le tissu.

Convient aussi bien aux hommes qu'aux femmes, et se porte comme une bonne nouvelle que l'on garde secrète.

Disponible exclusivement dans les boutiques de Nicolaï à Paris.

N° 5 (Chanel)

Solaire et soudé, ce célèbre parfum a été le grand précurseur d'une foule d'imitations et d'exégèses qui ont empiété sur son originalité. Il reste la référence en matière de nimbe mûr et doré.

Cossu, net, solide, ce bel objet a perdu une partie de son pouvoir évocateur, mais demeure un monument familier, de ceux que seuls les étrangers remarquent.

Sur les femmes : pour les très jeunes filles, ou si vous n'avez jamais porté autre chose,

Narcisse Noir (Caron)

So bold and unruly that Caron had to give it a sensible little brother (Narcisse Blanc), this perfume cracks like a buttercup-yellow banner with black stripes. Narcisse Noir is a suspension bridge between sour and sweet, spanning a great void that a less talented perfumer would have been intent on filling. Even overlaid with the creamy, discreet base of the great perfumes of Caron, it stays lively and ironic.

On women: for the elegant without languor.

♥ ✿ New York (de Nicolaï)

Proof that talent triumphs over all difficulties. A challenge: assemble a host of apparently familiar notes (talc, oranges) and lead to a brand new result, maintaining ambiguity without falling into dissonance. Extraordinarily eclectic and elusive, complex and gilded like an astronomical clock, New York shows every day a different facet of its fruity and happy soul.

Flattering, discreet, appetizing, it does homage to Guerlain's great "confectionery" for the elegant, but its bold design heralds the future. Represents probably the first total and lasting success of modern unisex perfume: one doesn't tire of it and penetrates its structure only with difficulty. One of the great perfumes of the last twenty years.

Very nice test-tube bottle.

Blooms better on skin than on fabric.

Suitable for both men and women, to carry about like a secret bit of good news.

Available exclusively in the Paris shops of Nicolaï.

N° 5 (Chanel)

Solar and sound, this famous perfume was the great precursor of a crowd of imitators and exegeses that have encroached on its originality. It remains the reference ripe, golden aura.

Rich, clean, solid, this beautiful object has lost some of its evocative power but remains a familiar monument, the sort that only foreigners notice.

On women: for very young girls, or if you have never worn anything else,

à éviter : le soir.

N° 9 (Cadolle)
Petit David installé en face du Goliath de la rue Cambon, le téméraire Cadolle donne fièrement un nom typiquement Chanel à son seul parfum. N° 9 est une belle construction, très riche, à mi-chemin entre l'ancien Emeraude (Coty) et Je Reviens (Worth). Tenace et poudreux, il dérive lentement vers une finale suave très agréable. Un parfum classique et peu courant.

N° 19 (Chanel)
Les parfums « chiffre » de Chanel, N°s 19 et 22 vivent quelque peu dans l'ombre du colossal immeuble bourgeois situé au 5 de la même rue.

N° 19 est pourtant une remarquable réussite, desservi par une image « jeune fille » hâtivement associée à ses notes fraîches. Ce malentendu est en partie dû à la très importante différence de richesse et de ténacité entre l'eau de toilette et le parfum, qui peut induire en erreur ceux qui n'ont pas senti ce dernier.

De fait, N° 19 est un intense et harmonieux accord de notes vertes, vivaces et charnues de jungle en serre.

Ce parfum très abstrait et en définitive peu « féminin » mérite qu'on s'y arrête.

Sur un homme: essayez, vous verrez,
sur une femme : comme alternative à Silences,
à éviter : BC-BG.

N° 22 (Chanel)
Récemment réédité, N° 22 est à l'odeur de talc ce que la règle de platine iridié est aux poids et mesures : la référence absolue. Faussement modeste et sobre, un peu mélancolique et parfaitement pur, il est d'une surprenante ténacité et va s'intensifiant avec le temps avant de disparaître dans un nuage lumineux qui rappelle son lointain cousin Chamade (Guerlain). Un séjour sur les lacs, un parfum pour se reposer des parfums.

Sur un homme : frais et matinal,
sur une femme : diurne et pâle,
à éviter: adolescente, style bébé.

to be avoided: evening.

N° 9 (Cadolle)

A little David installed in front of the Goliath of the rue Cambon, the reckless Cadolle proudly gives a typically Chanel name to its only perfume. N° 9 has a beautiful construction, very rich, midway between the old Emeraude (Coty) and Je Reviens (Worth). Tenacious and powdery, it drifts slowly towards a pleasant sweet finish. A classic and uncommon perfume.

N° 19 (Chanel)

Of the "number" perfumes of Chanel, 19 and 22 live somewhat in the shadow of the colossal bourgeois building located at number 5 on the same street.

N° 19 is nevertheless a remarkable success, ill served by the image of a "young girl" hastily associated with its fresh notes. This misunderstanding is partly due to the very important difference in richness and tenacity between eau de toilette and parfum, which can mislead those who have not smelled the latter.

In fact, N° 19 is an intense and harmonious accord of green, vivacious, and pulpy notes from a greenhouse jungle.

This quite abstract and ultimately not very "feminine" perfume deserves a closer look.

On a man: try it and see,
on a woman: as an alternative to Silences,
to be avoided: preppy.

N° 22 (Chanel)

Recently reissued, N° 22 is to the smell of talc what the iridium-plated platinum ruler is to weights and measures: the absolute reference. Falsely modest and sober, a little melancholy and perfectly pure, it is surprisingly tenacious and intensifies with time before disappearing in a luminous cloud reminiscent of its distant cousin Chamade (Guerlain). A sojourn on the lake, a perfume to rest from perfumes.

On a man: fresh and matinal,
on a woman: diurnal and pale,
to be avoided: teenagers, the juvenile style.

✔ **Nuits Indiennes (Scherrer)**

Avec un nom pareil, on tient à rester éveillé. Nuits Indiennes, dans le droit fil des autres parfums Scherrer, est un parfum poli et flou, avec une belle note de mandarine sur un fond en demi-teintes vanillé très Guerlain, assez beau mais, somme toute, ennuyeux.

✔ Nuits Indiennes (Scherrer)

With a name like that, you'd like to stay awake. Nuits Indiennes, in line with other Scherrer perfumes, is polished and vague, with a lovely note of tangerine on a background of very Guerlain vanilla half-tones, rather beautiful but, all in all, boring.

O

❀ Odalisque (de Nicolaï)

On pouvait s'attendre, de la part de la créatrice du génial New York, à une démonstration élégante de quelque théorème olfactif jusque-là rebelle. Pour Odalisque, l'énoncé faussement simple aurait été : « faites un parfum fondu avec de l'hélional ». Or cette note saline est aux parfums ce que le titane est aux métaux : difficile à travailler, impossible à souder, bleuté, dur et tenace. De plus, elle possède l'étonnante propriété magnétique d'infléchir les notes avoisinantes dans des directions « comestibles » rappelant le pain frais, le beurre salé ou les huîtres. On imagine la difficulté d'éviter la tartine au jasmin ou à la rose.

Odalisque, par un dosage magnifiquement subtil, parvient à créer une note toute neuve : appétissante, mystérieuse et élancée, mais aussi abstraite et indissociable que l'avait été en son temps le Chypre (Coty). Bravo!

Le parfumeur recommande de le vaporiser plutôt sur les tissus, et c'est effectivement le meilleur moyen d'apprécier longtemps ce parfum tenace mais délicat.

Disponible exclusivement dans les boutiques de Nicolaï à Paris.

✔ Oh La La (Loris Azzaro)

Il existe dans le parfum français un demi-monde pétillant et canaille plus proche des Folies Bergère que de l'avenue Montaigne, dont Gin Fizz (Lubin) était un représentant émérite. Azzaro semble avoir hérité de cette sensualité de faubourg : Oh La La reprend le citron un peu acerbe de son illustre prédécesseur mais, selon la tendance actuelle, sous forme de crème opaque et sucrée. Un parfum à porter au Luna Park, une gaufre à la main, en conduisant de l'autre une auto tamponneuse.

O

❀ Odalisque (de Nicolaï)

One could expect, from the creator of the ingenious New York, an elegant demonstration of some olfactory theorem intractable till now. For Odalisque, the falsely simple statement would have been: "Make a seamless perfume with helional." This saline note is to perfumes what titanium is to metals: difficult to work, impossible to weld, bluish, hard and stubborn. In addition, it has the amazing magnetic property of bending neighboring notes in "edible" directions reminiscent of fresh bread, salted butter, or oysters. One can imagine the difficulty in avoiding the effect of a jasmine or rose sandwich.

Odalisque, by a magnificently subtle dosage, manages to create a brand new effect: inviting, mysterious, and sleek, but also abstract and indivisible, as was in its time Chypre (Coty). Well done!

The perfumer recommends spraying it by preference on fabric, and this is indeed the best way to appreciate at length this persistent but delicate perfume.

Available exclusively in the shops of Nicolaï in Paris.

✔ Oh La La (Loris Azzaro)

There exists in French perfume a sparkling and trashy demi-monde closer to the Folies Bergère than Avenue Montaigne, of which Gin Fizz (Lubin) was a representative emeritus. Azzaro seems to have inherited this suburban sensuality: Oh La La takes up the slightly bitter lemon of its illustrious predecessor but, according to the current trend, in the form of an opaque, sugary cream. A perfume to wear at the Luna Park, a waffle in one hand, while driving a bumper car with the other.

✔ Ombre de la Nuit (Ungaro)

Comme un prélat qui irait périodiquement au désert pour retremper sa foi, le parfum cuir suscite de temps en temps de providentielles créations qui le tirent de sa tendance au confort. On imagine que le premier Knize Ten devait ressembler à Ombre de la Nuit, avant que des accommodements ne transforment ce héros ténébreux en mari propret.

Ombre de la Nuit est très cher, mais je ne vois guère d'alternative si on tient absolument à porter un parfum sous le surplis et la cotte de mailles : Tabac Blond est tout aussi bon mais plus tendre, Cuir de Russie splendide mais nettement moins viril, Or Black moins fidèle à la formule, Peau d'Espagne plus médicinal, Bel Ami délibérément moderne. En selle!

Disponible à la boutique Ungaro, à Paris.

Sur une femme : évidemment impeccable,
à éviter : le style enterrement de première classe.

Opium (Saint-Laurent)

Je crois que, comme moi, chacun se souvient de la première fois qu'il a senti Opium. C'était un peu comme si on avait découvert un castor au pelage naturellement vert malachite. Et surtout, son nom se moquait du désir réflexe qu'il suscitait : le sentir encore une fois, et vite. Depuis, il a percolé jusqu'aux quatre coins de la terre alors que le centre, après l'avoir adulé, le rejette. De plus, d'innombrables épicés orientaux ce sont jetés dans la brèche et ont su montrer ce qu'Opium avait d'un peu pauvre. Faiblesse ultime, il semble avoir été adouci comme pour profiter des leçons du temps dont il n'avait nullement besoin. En 1978, c'était une révélation. Aujourd'hui, c'est un très bon parfum.

Sur une femme : de jour,
à éviter: strass, fourrures.

Or Black (Pascal Morabito)

Or Black est intéressant à plusieurs titres. Tout d'abord, il atteint un point extrême du parfum masculin en étant dépourvu du moindre atome de suavité : sombre, sec et astringent comme du brou de noix, il représente la face nord du chypré cuir. Ensuite, chose rare parmi les eaux de toilette masculines, il est de facture naturelle et luxueuse, et aucune note chimique ne dérange son bel équilibre transparent.

✔ Ombre de la Nuit (Ungaro)

Like a prelate who might go periodically into the desert to reinvigorate his faith, the genre of leather fragrance from time to time raises up creations that providentially haul it back from its tendency to the comfortable. We can imagine that the first Knize Ten must have resembled Ombre de la Nuit, before compromises turned this shadowy hero into a tidy husband.

Ombre de la Nuit is quite expensive, but I see no alternative if one absolutely must wear a perfume under surplice and chain mail: Tabac Blond is just as good but softer, Cuir de Russie splendid but distinctly less virile, Or Black less faithful to the formula, Peau d'Espagne more medicinal, Bel Ami deliberately modern. Saddle up!

Available at the Ungaro boutique in Paris.

On a woman: obviously impeccable,
to be avoided: the funereal style of first class.

Opium (Saint-Laurent)

I believe that, like me, everyone remembers their first time smelling Opium. It was a bit like finding a beaver with a naturally malachite green coat. Above all, its name made fun of the reflexive desire it evoked: to smell it again, and quickly. Since then, it has percolated to the four corners of the earth, while the center, having revered it, rejects it. In addition, countless spicy orientals have leaped into the breach and have revealed that Opium was a little cheap. As a final weakness, it seems to have been toned down to benefit from the lessons of time, of which it had no need. In 1978, it was a revelation. Today it is a very good perfume.

On a woman: daytime use,
to be avoided: rhinestones, furs.

Or Black (Pascal Morabito)

Or Black is interesting in many ways. First of all, it reaches an extreme of masculine perfumery by being deprived of the least atom of sweetness: dark, dry, and astringent like walnut liqueur, it represents the north face of the leather chypre. Then, rare among masculine eaux de toilette, it is of natural and luxurious make, and no chemical note disturbs its beautiful, transparent balance.

Enfin, l'association poivre/aldéhydes rappelle en filigrane certains grands parfums féminins tel 1000 (Patou). C'est comme si l'on découvrait que Marilyn Monroe avait un frère bandit en Calabre.

La ligne Pascal Morabito est d'un luxe un peu kitsch mais tout à fait sérieux. Il existe même un flacon recouvert de deux plaques de métal argenté avec plots dorés, signé et numéroté!

Sur une femme : parfait,
à éviter: gants de conduite, jeans en cuir noir.

Or des Indes (Maître Gantier)

Il existe en parfumerie un « instrument » musical puissant, direct et émouvant comme un accord d'orgue.

Depuis la disparition du merveilleux Shaïna (Atelier Delteil), cette grande vox humana s'était tue. Divine surprise! Elle revient sans avoir rien perdu de sa richesse polyphonique et de son souffle inépuisable. Or des Indes est peut-être un tout petit peu plus poudreux et plus naturel, mais conserve cet équilibre à la fois balsamique et épicé qui faisait de Shaïna un des rares parfums qui fût à la fois sensuel et purificateur.

Sur une femme : splendide parfum de soir riche et intense,
à éviter: le style voyante extralucide.

❀ Or Noir (Pascal Morabito)

En sentant Or Noir, on a l'impression d'être accueilli en héros sur une île du Pacifique : il débute par une farandole florale enthousiasmante d'abondance, passe à deux doigts de l'entêtant mais parvient à l'éviter par un côté beurré de quatre-quarts.

La note de fond est plus sage et crémeuse. Ce floral-ascendant-floral est un des meilleurs de sa catégorie.

Comme Jazz (Saint-Laurent), Or Noir est disponible en version « Prestige ». Celle-ci consiste en un flacon numéroté et signé portant quatre onyx incrustés dans les vis de façade, le tout dans un écrin en cuir doublé de velours vert, vendu un peu moins cher que les belles malles de voyage de la même maison.

Oryambre (Revillon)

Parmi les rééditions Revillon, seul le chypré Oryambre garde une « facture » classique de très belle qualité. Les autres rééditions, hélas, sont

Finally, the association pepper/aldehydes recalls in watermark certain great feminine fragrances such as 1000 (Patou). It's like finding out that Marilyn Monroe had a brother who was a bandit in Calabria.

The Pascal Morabito line is of slightly kitschy but quite serious luxury. There is even a bottle covered in two silver plates with golden studs, signed and numbered!

On a woman: perfect,
to be avoided: driving gloves, black leather jeans.

Or des Indes (Maître Gantier)

There exists in perfumery a musical "instrument," as powerful, direct, and moving as an organ chord.

Since the disappearance of the wonderful Shaïna (Atelier Delteil), this great vox humana had been silenced. Divine surprise! It returns, having lost nothing of its polyphonic richness and inexhaustible breath. Or des Indes is perhaps a tiny bit more powdery and more natural, but retains the balance of balsamic and spicy that made Shaïna one of the few perfumes to be both sensual and purifying.

On a woman: splendid evening perfume, rich and intense,
to be avoided: the fortune-teller look.

❀ Or Noir (Pascal Morabito)

Smelling Or Noir, one has the impression of being welcomed as a hero on a Pacific island: it begins with an enthusiastic floral farandole of abundance, passes within an inch of being too heady, but manages to avoid it by a note of buttery pound cake.

The base note is soberer and creamier. This floral-with-floral-rising is one of the best in its category.

Like Jazz (Saint-Laurent), Or Noir is available in a "Prestige" version. This consists of a numbered and signed bottle bearing four onyx-topped screws on the face, all in a leather case lined with green velvet, sold for slightly less than the beautiful travel trunks from the same house.

Oryambre (Revillon)

Among the Revillon reissues, only the chypre Oryambre maintains a classic "workmanship" of high quality. The other reissues, alas, are

relativement décevantes. Jaspir a acquis en Chemin une dose de cette note lourde de chocolat que l'on trouve dans Must (Cartier). Joli Geste, Quatre Vents et Carnet de Bal sont très loin des parfums d'origine, mais sont néanmoins bien faits surtout dans leurs notes finales.

Vendus exclusivement chez Revillon à Paris. Superbe flacon boule.

relatively disappointing. Jaspir has acquired on the way a dose of the heavy chocolate note found in Must (Cartier). Joli Geste, Quatre Vents and Carnet de Bal are very far from the original perfumes, but are nevertheless well done, especially in their final notes.

Sold exclusively at Revillon in Paris. Beautiful boule bottle.

P

Paloma Picasso (Paloma Picasso)

Sans être très surprenant, Paloma Picasso est un parfum cossu, riche, parfaitement fait, dans un style très « madame » tout à fait agréable, avec en plus une petite touche de fleurs intenses et transparentes qui rappelle le regretté Nombre Noir (Shiseido).

Une belle réussite très seyante.

Sur une femme : élegante et énergique,
à éviter : trop de luxe.

Parfum d'Elle (Montana)

Less is more. Comme son prédécesseur, Parfum d'Elle vit dans un flacon qui fait penser à une architecture de station de ski futuriste. Ce parfum simple, presque ingénu, ose un mariage contre nature entre une rose vive et fraîche et l'hélional, ce monstre marin de la parfumerie qui éclabousse tout de sa note salée. Le résultat, une sorte de beurre demi-sel parfumé aux fleurs est à la fois surprenant et naturel. On verra à l'usage si la formule est suffisamment riche pour soutenir l'intérêt.

❀ Parfum de Peau (Montana)

Dans un des plus beaux flacons de ces dix dernières années, un parfum raté qui a au moins le mérite de la simplicité. On a ici affaire à une note fluorescente qui a bénéficié d'une mode fort heureusement éphémère. Elle agresse véritablement le nez et le rend incapable de sentir quoi que ce soit d'autre; son seul intérêt, et il est mince, c'est de marteler l'accord fleuri-animal avec une intensité que l'on n'aurait pas crue possible.

Il est instructif de sentir Montana dans le contexte d'odeurs naturelles, par exemple café-croissant : on comprend alors qu'il est

P

Paloma Picasso (Paloma Picasso)

Without being very surprising. Paloma Picasso is an opulent perfume, rich, perfectly made, in a totally pleasant "ladylike" style, with an extra touch of intense, transparent flowers reminiscent of the late Nombre Noir (Shiseido).

A beautiful, very becoming success.

On a woman: elegant and energetic,
to be avoided: overdone luxury.

Parfum d'Elle (Montana)

Less is more. Like its predecessor, Parfum d'Elle lives in a bottle that puts you in mind of the architecture of a futuristic ski resort. This simple perfume, almost ingenuous, dares an unnatural marriage between a lively, fresh rose and helional, this marine monster of perfumery that splashes its salty note everywhere. The result, a kind of half-salted butter scented with flowers, is both surprising and natural. It remains to be seen whether the formula is sufficiently rich to sustain interest.

❀ Parfum de Peau (Montana)

In one of the most beautiful bottles of the last ten years, a failed perfume that at least has the merit of simplicity. We are faced here with a fluorescent note that has benefited from a fortunately ephemeral fashion for loudness. It practically assaults the nose and makes it incapable of smelling anything else; its only interest, a thin one, is to bludgeon the floral-animalic accord with an intensity one would not have thought possible.

It is instructive to smell Montana in the context of natural odors, for example coffee and croissants: then one understands that it is

immiscible avec la vie. On ne l'imagine guère que dans une chambre à coucher munie de miroirs au plafond.

Parfum Sacré (Caron)

Tout, en Parfum Sacré, du nom majestueux au flacon lamé d'or ou au gigantesque factice publicitaire, annonce quelque tonitruante création, quelque escalade dans la course à l'intensité que se livrent certains parfumeurs.

Mais au lieu du coup de canon attendu, on découvre une tendre et intense mélodie en plusieurs plans superposés très transparents, partant d'une délicieuse et très originale note boisée, passant par une luxueuse rose et finissant sur une note de musc et de santal. Le tout bien propre, bien à sa place, de très grande qualité, presque touchant de naturel.

Une désarmante surprise, avec laquelle il convient de faire plus ample connaissance, car c'est un classique.

Sur un homme : à petites doses, parfait par son côté boisé,
sur une femme : qui aime la soie, le noir.

❀ Paris (Saint-Laurent)

Dire de Paris, comme on le fait souvent, que c'est un parfum à la rose, c'est mal le comprendre. Sa véritable originalité est d'avoir réussi l'orchestration de la note aiguë et iridescente de son exact contemporain Jardins de Bagatelle (Guerlain). Ce dernier nous la propose dans un accord acide et froid qui se révèle un peu lassant ; Paris l'équilibre d'abord par un fond sucré et poudré, puis joint brillamment ces deux extrêmes par une note de rose qui seule savait faire le lien entre loukoum et géranium. Le résultat est élégant, lumineux et un peu canaille. Sans être mémorable, Paris est un très bon parfum.

Très beau flacon en pomme de cristal à facettes.

Sur une femme : en jeans,
à éviter : le style dadame.

Parure (Guerlain)

Lors de sa sortie en 1975, j'avais trouvé Parure décevant. De fait, ce « chypré fleuri » faussement classique était un précurseur des orientaux : on y sent aujourd'hui gronder, comme un lointain orage de chaleur, la note de gomme balsamique qui se déchaînait trois ans après dans le

incompatible with life. One can barely just imagine it in a bedroom with mirrors on the ceiling.

Parfum Sacré (Caron)

Everything in Parfum Sacré, from the majestic name to the gilt bottle or the gigantic marketing factice, announces some blaring creation, some escalation in the race to intensity which certain perfumers are perpetrating.

But instead of the expected cannon boom, we discover a tender, intense melody in several transparent, superimposed planes, starting from a delicious and very original woody note, passing by a luxurious rose, and finishing on a note of musk and sandalwood. All quite clean, well in its place, very high quality, almost touchingly natural.

A disarming surprise, with which it is necessary to get better acquainted, because it is a classic.

On a man: in small doses, perfect for its woody side,
on a woman: who loves silk, black.

❀ Paris (Saint-Laurent)

To say of Paris, as is often done, that it is a rose perfume, is to misunderstand it. Its true originality is to have succeeded in reorchestrating the sharp and iridescent note of its exact contemporary Jardins de Bagatelle (Guerlain). The latter presents it in a cool, acidic accord revealed to be a bit dull; Paris balances it first with a sweet, powdery background, then brilliantly joins these two extremes with a rose note that alone can connect loukoum and geranium. The result is elegant, bright, and a little trashy. Without being memorable, Paris is an excellent perfume.

Beautiful bottle in the shape of a cut crystal apple.

On a woman: in jeans,
to be avoided: the "ladies who lunch" style.

Parure (Guerlain)

When it was released in 1975, I found Parure disappointing. In fact, this fake classical "floral chypre" was a precursor of the orientals: one can feel today the roaring, like a distant summer storm, of the note of balsam resin that was unleashed three years later in the

typhon Cinnabar (Estée Lauder). Parure est un parfum étrange, quelque peu américain par sa propreté athlétique, très français dans sa construction.

À explorer en tout cas.

✔ ❀ Pasha (Cartier)

Cas type de suremballage, Pasha donne l'impression qu'on s'est souvenu à la dernière minute, une fois le budget épuisé, qu'il allait être difficile de vendre des flacons vides. La note de départ est grise sans être rare, sorte de version atone de Fahrenheit (Dior) qui ne dure que quelques minutes. Pasha exhale ensuite un dernier souffle de santal propre mais fugace, puis la vie quitte définitivement le résidu, un after shave de battant recalé.

Luxueux flacon.

✔ Peau d'Espagne (Santa Maria Novella)

Les créations de la vénérable parfumerie-pharmacie de Santa Maria Novella à Florence sont maintenant importés en France. Elles datent d'un temps préclassique où l'excellence d'un parfumeur se mesurait à la richesse et l'habileté dans l'exécution de formules connues de tous. La vaste gamme SMN fait penser à une suite de danses galantes convenues mais captivantes, dont Peau d'Espagne serait la solennelle sarabande. Ce beau cuir obscur et bitumineux est un rappel à l'ordre salutaire en cette époque de mièvreries olfactives.

Fait rarissime, Peau d'Espagne est disponible en absolu, c'est-à-dire sans ajout d'alcool, dans un charmant flacon miniature art nouveau.

Les produits SMN sont disponibles chez Amin Kader, 2 rue Guisarde à Paris.

Photo (Lagerfeld)

Photo illustre le brouillage que subit la beauté dans la machine à décalquer, et fait penser au jeu enfantin de la transmission d'une phrase rapide d'oreille à oreille, qui la rend incompréhensible en quelques passages. À l'origine, il y avait l'excellent Green Irish Tweed (Creed) qui semble avoir créé cette forme olfactive. Puis il y eut Cool Water

typhoon Cinnabar (Estée Lauder). Parure is a strange perfume, somewhat American in its athletic cleanliness, very French in its construction.

Worth trying in any case.

✔ ❀ Pasha (Cartier)
A typical case of overpackaging, Pasha gives the impression that they remembered at the last minute, once the budget was exhausted, that empty bottles would be hard to sell. The top note is gray without being unusual, a kind of atonal version of Fahrenheit (Dior) that lasts just a few minutes. Pasha then exhales a final breath of clean but fleeting sandalwood, and then all life goes out of the remainder, the aftershave of an up-and-coming loser.

Luxurious bottle.

✔ Peau d'Espagne (Santa Maria Novella)
The creations of the venerable perfumery-pharmacy Santa Maria Novella in Florence are now imported to France. They date back to a pre-classical era when the excellence of a perfumer was measured by richness and skill in the execution of formulas known to all. The vast SMN range is reminiscent of a series of set but captivating courtship dances, of which Peau d'Espagne is the solemn sarabande. This dark and bituminous, beautiful leather is a call to order in this era of olfactory sentimentalities.

What is truly rare, Peau d'Espagne is available in the absolute, that is to say without added alcohol, in a charming miniature Art Nouveau bottle.

SMN products are available at Amin Kader, 2 rue Guisarde in Paris.

Photo (Lagerfeld)
Photo illustrates the blurring that beauty undergoes in the photocopier, and makes one think of the child's game of transmitting a quick sentence from ear to ear, rendering it incomprehensible in a few passes. Originally, there was the excellent Green Irish Tweed (Creed), which seems to have invented this olfactory form. Then there was Cool Water

(Davidoff) qui la reprenait en y ajoutant déjà un accent un peu loubard. Avec Photo, il y a eu décidément du bruit sur la ligne, la recette s'est mal transmise. L'idée d'origine est encombrée de notes artificielles d'une pauvreté affligeante ; seule surnage une fugace odeur de bakélite chaude qui rappelle l'intérieur des grosses TSF d'antan.

Peut-être le nom s'est-il lui aussi mal transmis : serait-ce Radio?

Poison (Dior)

Le critique aborde Poison avec le même picotement de plaisir que Sherlock Holmes passant enfin les menottes au Professeur Moriarty alors que la foule dans la rue exige une peine exemplaire. Aucun parfum ne déchaîne autant les passions, aucun ne serait en principe plus facile à épingler : « vulgaire », « bruyant », « me donne mal à la tête », « une collègue que je déteste le porte ». Et puis, assis en face de son vieil ennemi, on sent le fair play reprendre le dessus. Que reproche-t-on au fait à Poison? Tant d'acrimonie relève en général d'une déception amoureuse, d'une illusion ressentie comme une imposture. Il y a bien eu erreur sur la personne : Poison n'était qu'un tsar d'opéra, juché sur de hauts talons, maquillé à grands traits, chamarré d'émeraudes en toc et de rayonne, baigné sur scène par une lueur de vitrail. Comment lui reprocher de n'être qu'un acteur?

L'illusion était tout en Poison : peut-être dans quelques années apprécierons-nous différemment cette magie grossière, comme on finit par trouver charmants le son mince et le bruit de fond des 78 tours. Entretemps, l'imprésario heureux qu'est Dior a fait salle comble.

À éviter : la forte dose avant de sortir au restaurant.

Poivre (Caron)

L'esthétique de son créateur Daltroff est ici exprimée à l'état pur. Certains parfumeurs comme Guerlain excellent à créer des ambiances très riches et complexes, équivalents olfactifs du brouhaha de restaurant de luxe dans lequel joue un orchestre tzigane. Au lieu de cela, Daltroff saisit deux notes très évidentes, ici oeillet et clou de girofle, et les soude l'une à l'autre d'un mouvement rapide qui trompe l'oeil, gardant ainsi parfaitement invisible la monture qui les soutient et sans laquelle, au lieu d'un grand parfum, on n'aurait qu'un maladroit collage.

Donne envie d'applaudir.

(Davidoff), which continued it by adding a slightly boorish accent. With Photo, there was definitely noise on the line, the recipe poorly transmitted. The original idea is cluttered with artificial notes of depressing cheapness; a lone fleeting odor of hot bakelite floats up, reminiscent of the insides of the old fat wirelesses of yesteryear.

Perhaps the name was also poorly transmitted: should it be Radio?

Poison (Dior)

The critic tackles Poison with the same tingle of pleasure as Sherlock Holmes finally handcuffing Professor Moriarty while crowds in the street demand an exemplary punishment. No perfume unleashes so much passion, and none in principle should be easier to pin down: "vulgar," "loud," "gives me a headache," "a colleague I hate wears it." And then, sitting across from the old enemy, a sense of "fair play" takes over. What is there to reproach in Poison? So much acrimony relates to disappointment in love, of an illusion felt to be an imposture. There was indeed a mistaken identity: Poison was only a tsar of the opera, perched on high heels, with makeup applied in broad strokes, bedecked in fake emeralds and rayon, bathed onstage by a stained glass glow. Why reproach it for being only an actor?

Illusion was all in Poison: perhaps in a few years we will appreciate this crude magic differently, just as we end up being charmed by the thin sound and background noise of 78 rpm records. In the meantime, the happy impresario Dior plays to a packed house.

To be avoided: a strong dose just before heading to the restaurant.

Poivre (Caron)

The aesthetic of Daltroff, its creator, is here expressed in the pure state. Some perfumers like Guerlain excel at creating very rich and complex atmospheres, the olfactory equivalents of the hubbub in a luxury restaurant where a gypsy orchestra is playing. Instead, Daltroff takes two very obvious notes, here carnation and clove, and welds them together in one quick move that deceives the eye, thus keeping perfectly invisible the mount that supports them and without which, instead of a great perfume, we would have only an awkward collage.

Makes you want to applaud.

Sur un homme : très raffiné, pas trop jeune,
sur une femme : le soir comme parfum épicé,
à éviter : par ceux à qui le clou de girofle rappelle le dentiste.

Polo (Ralph Lauren)

Intéressante note de départ de foin dans cette honnête eau de toilette pour homme par ailleurs propre, savonneuse et sans grande poésie. Agréable mais un peu terne .

Pour Homme (Paco Rabanne)

Après un départ frais et propre, Pour Homme se dirige vers une note qui est au parfum d'homme ce que celle de l'estragon est aux herbes : immédiatement reconnaissable, légèrement plaintive, quelque peu entêtante, une sorte de bémol aromatique.

Novateur en son temps bien que très respectueux des canons « virils » du genre. Aujourd'hui daté et peut-être un peu lassant, mais bien fait tout de même.

Sur une femme : remplace avantageusement certains muscs « écologiques »,

à éviter: par le cadre quinquagénaire.

Pour l'Homme (Cacharel)

Typique senteur dite « masculine » qui rappelle les tentatives désespérées d'obtenir un dry Martini véritablement sec en ne mettant qu'une seule goutte de vermouth dans un shaker plein de gin.

Considérant toute douceur comme une faiblesse, Pour l'Homme se crispe sur des notes dures, grinçantes et pauvres qui fatiguent vite l'odorat et font accueillir comme providentielle la plus banale eau de Cologne.

Sans intérêt, sauf pour son sympathique flacon « hip flask », qu'on préférerait rempli d'une liqueur plus roborative.

Pour Monsieur (Chanel)

Pour Monsieur existe en deux versions qui n'ont pas grand chose à voir l'une avec l'autre : l'eau de toilette rappelle, par ses notes poudreuses et claires d'atelier d'ébéniste, l'inoubliable Cravache (Piguet) sous une forme diluée; la version concentrée est une tout autre affaire. Intense et

On a man: very refined, not too young,
on a woman: in the evening as a spice fragrance,
to be avoided: those for whom clove evokes the dentist.

Polo (Ralph Lauren)

Interesting top note of hay in this honest eau de toilette for men, otherwise clean, soapy, and without much poetry. Nice but a little dull.

Pour Homme (Paco Rabanne)

After a fresh and clean start, Pour Homme steers toward a note that is to masculine fragrance what tarragon is to herbs: immediately recognizable, slightly plaintive, somewhat heady, a kind of flattened musical tone made aroma.

Innovative in its time though respectful of the "manly" ideals of the genre. Today it feels dated and perhaps a bit boring, but well done all the same.

On a woman: instead of hippie musk oils,
to be avoided: the fifty-something manager.

Pour l'Homme (Cacharel)

A typical so-called "masculine" scent that recalls desperate attempts to obtain a truly dry "dry Martini" by putting only a single drop of vermouth in a shaker full of gin.

Considering all softness as weakness, Pour l'Homme clenches around hard, grating, cheap notes that quickly exhaust the sense of smell and make you welcome the most banal eau de cologne as providential.

Uninteresting, except for its likable "hip flask" bottle, which one would prefer filled with a more invigorating liquor.

Pour Monsieur (Chanel)

Pour Monsieur exists in two versions that have little to do with each other: the eau de toilette recalls, with its powdery, clear notes of a cabinetmaker's workshop, the unforgettable Cravache (Piguet) in diluted form; the concentrated version is another matter entirely. Intense and

sereine, parfaitement équilibrée entre le sucre et les épices, elle participe à la fois de la tendresse de Pour un Homme (Caron) et de l'élégante mélancolie de Lords (Penhaligon), et joue avec classicisme de cette gamme spacieuse et symphonique de senteurs tour à tour chaleureuses et distantes qui figurent comme autant de vertus dont serait paré l'homme idéal.

Sur une femme : parfait comme parfum discret de jour,
sur un homme : à petites doses,
à éviter : trop de luxe, l'évident style « vieux beau ».

Pour un Homme (Caron)

Pour un Homme est un lumineux accord, au sens musical du terme, entre le bleu de la lavande et le jaune de la vanille, toutes deux ici d'une exceptionnelle qualité et soutenues par une habile orchestration jouée pianissimo. L'effet, comme on pouvait s'y attendre, est d'un vert tendre et transparent, une touchante senteur de papa élégant années 50 rasé de près. Gracieux, parfaitement équilibré, Pour un Homme incarne les règles de l'étiquette du parfum masculin et rappelle que « élégance et tapage font rarement bon ménage ».

Il est réconfortant de penser que même durant l'interminable traversée du désert connue par Caron durant les années 70, Pour un Homme a continué de se vendre dans le monde entier dans son beau flacon solide et carré sans varier sa formule d'un pouce, portant ainsi aux quatre coins de la planète son message censément « démodé » et toujours urgent.

serene, perfectly balanced between sugar and spices, it shares in both the tenderness of Pour un Homme (Caron) and the elegant melancholy of Lords (Penhaligon), and plays with classicism this spacious and symphonic scale of aromas, by turns warm and aloof, which appear as the virtues with which the ideal man should be adorned.

On a woman: perfect as a discreet daytime fragrance,
on a man: in small doses,
to be avoided: overdone luxury, the obvious "aging playboy" style.

Pour un Homme (Caron)

Pour un Homme is a bright accord, in the musical sense of the term, between the blue of lavender and the yellow of vanilla, both here of exceptional quality and supported by a skillful orchestration played pianissimo. The effect, as one might expect, is of a tender and transparent green, a touching scent of an elegant 1950s clean-shaven dad. Graceful, perfectly balanced, Pour un Homme lives by the rules of the moniker of masculine fragrance and remembers that "elegance and fuss rarely mix well."

It is comforting to think that even during the endless desert crossing that Caron knew in the 1970s, Pour un Homme continued to sell worldwide in its beautiful, solid, square bottle without changing its formula one inch, thus bringing to the four corners of the planet its supposedly "outdated" and always urgent message.

Q

Quadrille (Balenciaga)

Ce splendide aldéhydé est fidèle aux critères de sa classe : élégant, racé et parfaitement galbé. Son originalité réside dans le fait qu'il est le seul parfum actuel à garder encore un peu de cette divine note de framboise qui avait marqué tant de parfums classiques, tels Diorama (Dior) et Quatre Vents (Revillon). Subtil et majestueux.

Quartz (Molyneux)

Quartz prend un très beau départ irisé et fruité entre le citron et la mandarine d'effet agréablement tonique. Ce type d'allegretto vivace est en général bref, et de fait Quartz s'installe bientôt sur une note discrète qui rappelle Vivre (Molyneux) en moins riche mais tout aussi agréable.

Bref, frais et plus proche d'une eau de Cologne raffinée que d'un véritable parfum.

Le nom contraste bizarrement avec l'emballage un peu kitsch, cylindrique sans la moindre facette.

Sur une femme : lorsque le message à transmettre est « il fait beau », sur un homme : en eau de toilette matinale.

Que sais-je ? (Patou)

Sous une forme très décantée, Que sais-je ? présente une base à la fois friande et aromatique que l'on retrouvait dans bon nombre de parfums des années 20 aujourd'hui disparus.

Que sais-je ? allie l'astringence boisée mais crémeuse de la noix à une douceur de chocolat et de miel, un voluptueux praliné de Gianduja turinois.

Disponible en eau de toilette et extrait dans des flacons qui se distinguent l'un de l'autre par leurs bouchons ouvragés. N'existe qu'en une once.

Sur un homme : discrètement, sur une femme : pour celles qui n'aiment pas la vanille de Shalimar.

Q

Quadrille (Balenciaga)

This splendid aldehyde is faithful to the criteria of its category: elegant, racy, and perfectly rounded. Its originality lies in the fact that it is the only current perfume to keep a little of the divine raspberry note that marked so many classic fragrances, such as Diorama (Dior) and Quatre Vents (Revillon). Subtle and majestic.

Quartz (Molyneux)

Quartz makes a lovely iridescent, fruity start between lemon and mandarin, giving a pleasantly stimulating effect. This type of lively allegretto is usually brief, and in fact Quartz soon settles itself on a discreet note reminiscent of Vivre (Molyneux), less rich but equally enjoyable.

In short, fresh and closer to a refined eau de cologne than a true perfume.

The name contrasts oddly with the slightly kitschy packaging, cylindrical and not the least bit faceted.

On a woman: when the message to be transmitted is "it's a nice day," on a man: as an eau de toilette for morning.

Que sais-je? (Patou)

In simplified form, Que sais-je? presents a sweet and aromatic base found in many of the now extinct fragrances of the 1920s.

Que sais-je? combines the woody yet creamy astringency of nuts with the sweetness of chocolate and honey, a voluptuous praline of gianduja from Turin.

Available in eau de toilette and extrait in bottles distinguished from each other by their stoppers. Exists solely in one ounce.

On a man: discreetly,
on a woman: for those who dislike the vanilla in Shalimar.

R

Racines (Maître Gantier et Parfumeur)

Le vétiver est le violoncelle de la parfumerie, à la fois langoureux et rauque. Il est rare qu'il soit rendu fidèlement dans toute sa richesse ; les compositeurs utilisent le plus souvent un vétiver aux angles arrondis, débarrassé des notes de terre sèche et de brindilles cassantes. On les comprend : tout le monde n'aime pas ce timbre à mi-chemin entre bois et patchouli. Jean Laporte réussit ici le vétiver le plus fidèle de la parfumerie actuelle, enrobé non pas dans des bois mais dans une note plus douce et fruitée qui le soutient sans le gêner. De plus, contrairement à beaucoup d'autres, l'accord est tenace et stable. Une belle réussite.

Sur une femme : de jour en parfum sport,
sur un homme : discrètement, en tonique matinal.

Ricci Club (Nina Ricci)

Ricci Club pousse la formule orientale inaugurée par le 3e Homme (Caron) à son extrême limite. Après une très belle note de départ de pamplemousse, Ricci Club ondoie dans une atmosphère chaude, riche et estivale. Un beau parfum, immédiatement accessible, coloré et aigre-doux comme une corbeille de fruits exotiques, peut-être un peu lassant à l'usage.

♥ ❀ Rive Gauche (Yves Saint-Laurent)

Grâce à Rive Gauche, les mortels connaissent enfin l'odeur du savon de Diane au bain. Véritable emblème des années 70, cette somptueuse réinterprétation de la note métallique novatrice du moins fortuné Calandre (Paco Rabanne) appartient à la catégorie peu fournie des parfums-sculpture. Sa forme argentée et aérienne, sans joints apparents, est initialement cachée par des notes blanches et poudrées, mais perce bientôt ces nuages et croît en altitude au fil des heures.

R

Racines (Maître Gantier et Parfumeur)

Vetiver is the cello of perfumery, both languorous and husky. Rarely is it faithfully rendered in all its richness; composers most often use a vetiver with rounded corners, rid of its notes of dry earth and snapped twigs. It is understandable: not everyone likes this timbre halfway between wood and patchouli. Jean Laporte here achieves the most faithful vetiver in current perfumery, overlaid not in woods but in a sweeter fruity note, which supports without getting in the way. Moreover, unlike many others, the accord is tenacious and stable. A great success.

On a woman: as a daytime sport fragrance,
on a man: discreetly, as a morning tonic.

Ricci Club (Nina Ricci)

Ricci Club pushes the oriental formula inaugurated by Le 3e Homme (Caron) to its extreme. After a quite lovely top note of grapefruit, Ricci Club undulates in a warm, rich and summery atmosphere. A beautiful perfume, immediately accessible, colorful and bittersweet like a basket of exotic fruits. Maybe a little tedious with time.

♥ ❀ Rive Gauche (Yves Saint-Laurent)

Thanks to Rive Gauche, mortals finally know the smell of the goddess Diana's bath soap. A true emblem of the 1970s, this sumptuous reinterpretation of the innovative metallic note of the less fortunate Calandre (Paco Rabanne) belongs to the scanty category of sculpture-perfumes. Its silvery and airy shape, without visible joints, is initially hidden by white and powdery notes, but soon pierces these clouds and gains in altitude as the hours pass.

Comme Chamade (Guerlain), Rive Gauche entretient de curieux rapports avec l'intensité : plus le temps passe, plus sa grâce devient nette, comme si en s'estompant il permettait à sa lumière intérieure de mieux irradier. Un chef-d'oeuvre.

Exemple notable d'accord parfait entre contenant et contenu, son atomiseur métallique à rayures bleues, à la fois précieux et désinvoltement « industriel » est lui aussi d'un chic impérissable. Le parfum semble légèrement supérieur en qualité à l'eau de toilette.

Rive Gauche semble avoir récemment évolué dans un sens légèrement plus médicinal et moins savonneux.

La note de Rive Gauche se prête bien à l'utilisation simplifiée en produits de bain pour ceux et celles qui ont décidé de n'avoir qu'un parfum dans leur vie.

Sur un homme : parfait à petites doses,
sur une femme : plutôt le soir.

❀ Romeo Gigli (Romeo Gigli)

Sorti de son très beau flacon « lampe à huile » futuriste, Romeo Gigli illustre à merveille un phénomène qui est au coeur du mystère des parfums : une odeur peut croître en intensité alors même qu'en évaporant elle perd irréversiblement de sa substance.

Romeo Gigli prend un départ très doux et caressant de baume pour la peau ; imperceptiblement d'abord, puis plus vite, dans un crescendo sans à-coups d'éclairage de scène, la lumière se fait sur des fleurs tropicales d'un jaune clair rappelant la banane.

La lumière continue d'augmenter, devient éblouissante ; on voit alors, à leur matière cireuse et leurs bords coupants que ces fleurs sont fausses. Rideau!

✔ Romeo Gigli Uomo (Romeo Gigli)

Romeo Gigli Uomo exauce inopinément un de mes vœux de skieur fourbu : un parfum qui ressemblerait à la liqueur de génépi. Son concert d'herbes bénéfiques entourant une splendide note d'armoise, sa couleur d'angélique qui siérait si bien à un petit verre épais et conique, tout suggère une liqueur monacale goûtée près du feu pendant que la neige effleure les vitres. L'usage externe n'en réduit pas l'efficacité, bien au contraire.

Like Chamade (Guerlain), Rive Gauche maintains a curious relationship with intensity: the more time that passes, the clearer its grace becomes, as if fading allowed its inner light to radiate more. A masterpiece.

A notable example of perfect harmony between container and contents, the blue-striped metal atomizer, both precious and casually "industrial," is also imperishably chic. The perfume seems slightly superior in quality to the eau de toilette.

Rive Gauche seems to have recently evolved in a direction slightly more medicinal and less soapy.

The note of Rive Gauche lends itself well to simplified use in bath products for those who have decided to have only one fragrance in their lives.

On a man: perfect in small doses,
on a woman: preferably for evening.

❀ Romeo Gigli (Romeo Gigli)

Escaping its beautiful, futuristic "oil lamp" bottle, Romeo Gigli is a marvelous illustration of a phenomenon that is at the heart of the mystery of perfume: an odor can increase in intensity while at the same time, by evaporating, it loses its substance irreversibly.

Romeo Gigli begins with a very soft and caressing top note of face cream; imperceptibly first, then faster, in a smooth crescendo of stage lighting, the light falls on tropical flowers of a bright yellow reminiscent of banana.

The light continues to increase, becomes dazzling: one sees then, with their waxy material and their sharp edges, that these flowers are fake. Curtain!

✔ Romeo Gigli Uomo (Romeo Gigli)

Romeo Gigli Uomo unexpectedly fulfills one of my wishes as an exhausted skier: a perfume that resembles génépi liqueur. Its concert of beneficial herbs surrounding a splendid note of mugwort, its angelic color so fetching in a little, heavy, conical glass, all suggest a monastic liquor tasted by the fire while snow brushes against the windows. External use does not reduce its efficacy, to the contrary.

Tout à fait excellent.
Sur une femme : parfait comme alternative à Opium (Saint-Laurent).

✔ Rose de Nuit (Shiseido)

Certains problèmes olfactifs ne se règlent que par l'ajout d'un ingrédient dont la parfumerie n'aime pas tellement parler, surtout quand il s'agit de le dépenser : l'argent. Shiseido avait déjà mis la barre très haut avec Nombre Noir, centré autour d'une rose qui respirait la cherté. Armée d'un chèque en blanc, Rose de Nuit réussit une note sur laquelle beaucoup ont trébuché faute de moyens : la rose héroïque. Sinan, Parfum de Peau et Knowing l'avaient brandie sans la soutenir. Dans Rose de Nuit, cette ménade est apaisée par ses sœurs plus douces et cesse enfin de faire peur. Serrez-la dans vos bras.

Disponible exclusivement aux Salons Shiseido du Palais-Royal à Paris.

Sur une femme : qui aime le noir,
à éviter : l'excès.

Rose Muskissime (Maître Gantier)

Dans les « saisons » de ce style néo-baroque concertant que Jean Laporte a inventé pour notre bonheur, il y avait déjà *Avril* (Mûres et Musc, l'Artisan Parfumeur) et *Août* (Vanilla, l'Artisan Parfumeur). Son Rose Muskissime nous apporte le mois de juin, une grande corbeille de fruits mûrs odorants. Ne cherchez pas ici seulement la rose et le musc : malgré son nom, Rose Muskissime sent surtout la pêche, la mangue et le fruit de la passion.

Ce qui le distingue de ses nombreuses imitations sans épaisseur, c'est un remarquable fondu dans la courbe du parfum qui passe d'un départ acide sans agressivité à un cœur velouté et à une finale poudrée très tenace. Un beau parfum.

Sur une femme : à porter comme un bijou fantaisie multicolore,
à éviter : le style pure nature bariolé.

♥ ❀ Royal Bain de Champagne (Caron)

L'humour est rare en parfumerie, mais Royal Bain de Champagne est un magnifique éclat de rire. Construit autour d'une note pastel lumineuse et artificielle, presque blette, de fruit meurtri rappelant le melon et la

Absolutely excellent.

On a woman: perfect as an alternative to Opium (Saint-Laurent).

✔ Rose de Nuit (Shiseido)

Some olfactory problems can only be solved by adding an ingredient that perfumery does not like to talk about, especially when it comes to deploying it: money. Shiseido had already set the bar very high with Nombre Noir, centered around a rose that breathed costliness. Armed with a blank check, Rose de Nuit made a success of a note on which many had stumbled for lack of means: the heroic rose. Sinan, Parfum de Peau and Knowing brandished it without support. In Rose de Nuit, this maenad is soothed by her gentler sisters and finally ceases being frightening. Take her in your arms.

Available exclusively at the Shiseido Salons of the Palais-Royal in Paris.

On a woman: who loves black,
to be avoided: in excess.

Rose Muskissime (Maître Gantier)

In the "seasons" of this neo-Baroque concertante style that Jean Laporte invented for our happiness, there were already April (Mûres et Musc, l'Artisan Parfumeur) and August (Vanilia, l'Artisan Parfumeur). His Rose Muskissime brings us the month of June, a large basket of ripe, fragrant fruit. Do not look for only rose and musk here: despite the name, Rose Muskissime smells chiefly of peach, mango, and passion-fruit.

What distinguishes it from its numerous shallow imitations is a remarkable fluidity to the scent's trajectory as it passes from an acidic top note without aggression to a velvety heart and then to a powdery, very tenacious finish. A beautiful fragrance.

On a woman: to wear as a multicolored costume jewel,
to be avoided: the multicolored hippie style.

♥ ✿ Royal Bain de Champagne (Caron)

Humor is rare in perfumery, but Royal Bain de Champagne is a magnificent burst of laughter. Built around a luminous, artificial pastel note, almost overripe, of bruised fruit, reminiscent of melon and papaya,

papaye, il maintient un équilibre précaire et suprêmement élégant entre l'étonnant et l'évident, entre le poivre et le sucre.

Faussement simple et aigre-doux comme une aquarelle de Dufy, il évoque avec aisance et audace une esthétique risquée et désinvolte.

S'atténue comme, à l'aube suivante, une nuit de fête : sur une note sage et pensive. Une très grande réussite.

Délicieuse bouteille Art Déco à large goulot, qui suggère de le porter sans retenue.

Sur un homme : réservé aux dandys,

sur une femme : qui a connu les années 30, ou qui les vit aujourd'hui,

à éviter : par ceux et celles qui le trouvent simplement frais.

✔ Ruban Noir (Stéphane Coty)

Stéphane Coty devrait se méfier : la réapparition de son nom glorieux risque de déclencher une émeute. Quelle émotion! Un descendant du créateur d'Ambre Antique, de Chypre, d'Émeraude et de Jasmin de Corse est parmi nous! Je ne sais rien de ses projets, mais je suis disposé à traverser le pays pour une seule de ces merveilles.

Ruban Noir est une sorte de Jicky archaïque, lourd comme une épée de reître. On ne peut imaginer un parfum moins à la mode, plus fidèle à la rude sensualité de la parfumerie française de l'Age d'Or. Même si l'on n'ose le porter, il faut acheter Ruban Noir pour laisser Stéphane Coty bouter les fanfreluches olfactives hors de France.

Visiblement, Stéphane Coty compte sur le Saint-Esprit plutôt que sur une large diffusion pour survivre : je n'ai trouvé ses parfums qu'au Bon Marché à Paris. Contactez-le au (1) 46 49 05 81 pour plus de précisions.

it maintains a precarious and supremely elegant balance between the surprising and the obvious, between pepper and sugar.

As deceptively simple and bittersweet as a watercolor by Dufy, it evokes with boldness and ease a racy, carefree aesthetic.

It fades as does, at dawn, a festive night: on a wise and pensive note. A grand success.

Delightful Art Deco bottle with a wide neck, which suggests applying it without restraint.

On a man: reserved for dandies,
on a woman: who knew the 1930s, or who lives them today,
to be avoided: by those who find it simply fresh.

✔ Ruban Noir (Stéphane Coty)

Stéphane Coty should be careful: the reappearance of his glorious name risks setting off a riot. What a thrill! A descendant of the creator of Ambre Antique, Chypre, Émeraude and Jasmin de Corse is among us! I know nothing about his projects, but I am willing to cross the country for just one of these wonders.

Ruban Noir is a kind of archaic Jicky, heavy as a knight's sword. It's impossible to imagine a perfume less fashionable, more faithful to the rough sensuality of French perfumery from the Golden Age. Even if you daren't wear it, you must buy Ruban Noir to allow Stéphane Coty to kick the olfactory frippery out of France.

Obviously, Stéphane Coty relies on the Holy Spirit rather than a wide distribution to survive: I have found his perfumes only at Bon Marché in Paris. Contact him at (1) 46 49 05 81 for more details.*

---

* Don't, though. The fragrances of Stéphane Coty have been out of production for many years.

S

Sables (Annick Goutal)

Doté du plus phénoménal départ de toute la parfumerie actuelle, Sables sort comme un diable de sa boîte avec une note intense, goudronneuse et médicinale de fleur séchée et de boutique d'herboriste. Après cette belle surprise, Sables passe lentement à une cadence plus sage de parfum d'homme doux et bien élevé, qui le rapproche de KL pour Homme (Lagerfeld).

On aimerait voir l'idée initiale accommodée de façon moins douce, mais le résultat est déjà très intéressant.

Sur une femme : si vous voulez qu'on vous demande quel parfum vous portez,

sur un homme : avec humour,

à éviter : le style faux tzigane.

✔ Sacrebleu! (de Nicolaï)

Le suave mais un peu sombre Crépuscule Vanille a été complètement refondu et réapparaît sous ce nom très potache. Le sombre accord vanille-encens de l'original ressort au soleil, au bras d'une éclatante note de berlingot rayé rose et jaune.

Certains trouveront peut-être Sacrebleu ! sucré, mais ce serait sous-estimer l'habileté de sa composition : à l'usage, on s'aperçoit qu'il chatoie entre douceur et piquant sans lasser et sans s'appauvrir.

Un parfum original, sensuel et intime. Excellent. L'équilibre charnel-poudré de la note finale de Sacrebleu ! me rappelle étrangement une belle senteur oubliée : celle des étuis d'appareil photo de mon enfance, en gros cuir brun doublés de floqué rouge.

Disponible exclusivement dans les boutiques de Nicolaï à Paris.

S

Sables (Annick Goutal)

Equipped with the most phenomenal top note in all of current perfumery, Sables exits its box like a devil with an intense, tarry, medicinal note of dried flowers and herbalist's shop. After this beautiful surprise, Sables passes slowly at a more measured rate, to a sweet and well-mannered masculine fragrance, which brings it closer to KL pour Homme (Lagerfeld).

It would be nice to see the initial idea accommodated in a less sweet fashion, but the result is already pretty interesting.

On a woman: if you want to be asked what perfume you're wearing,
on a man: with humor,
to be avoided: fake gypsy style.

✔ Sacrebleu! (de Nicolaï)

The sweet but slightly dark Crépuscule Vanille has been completely redone and reappears under this schoolboy moniker. The dark vanilla-incense accord of the original emerges in sunlight, arm in arm with a bright note of pink- and yellow-striped boiled sweets.

Some may find Sacrebleu! too sugary, but that would be to underestimate the skill of its composition: with time, one realizes that it shimmers between sweetness and spice, never growing either tiresome or poverty-stricken.

An original, sensual, and intimate fragrance. Excellent.

The carnal-powdery balance of the final note of Sacrebleu! reminds me strangely of a lovely forgotten scent: that of the camera cases of my childhood, in heavy brown leather lined with red flocking.

Available exclusively in the shops of Nicolaï in Paris.

Sagamore (Lancôme)

Agréable eau de toilette masculine, dans la lignée gingembre-épices de L'Homme (Versace) en moins original et plus suave. Ne gêne pas, mais ne fait pas rêver non plus.

Samsara (Guerlain)

Magistral assemblage d'ingrédients qui, entre des mains moins expertes, aurait sans doute abouti à un résultat précaire. Samsara est en quelque sorte le dénominateur commun des parfums Guerlain offert à l'état pur, comme si avec les éléments d'un air de famille on avait construit un visage idéal. Cela aurait été impossible ou banal sans faire appel à une vaste palette d'ingrédients synthétiques qui évoquent sans les imiter les notes vanillées et poudreuses jadis à l'arrière-plan.

Stable, puissant, d'une très grande cohésion, immédiatement reconnaissable, mais sans grand mystère, Samsara est peut-être plus remarquable par son absence de défauts que par ses qualités.

À petites doses, le jour.

à éviter: comme note luxueuse.

Santos (Cartier)

Agréable mais un peu plat, Santos fut un des premiers à introduire une note suave et fruitée, présentée ici comme par la bande dans un contexte très viril, qui montra son étrange visage au grand jour plusieurs années plus tard dans le 3e Homme (Caron). Sent le cadre : supérieur, s'entend, mais ce n'est qu'une supériorité d'argent.

Scherrer 1 (Jean-Louis Scherrer)

Les parfums Scherrer sont d'une distinction sans tapage qui ne sacrifie pas à une mode passagère. Scherrer 1 démarre sur une note très verte, puis se développe élégamment vers une finale poivrée assez discrète. Rien à redire, mais pas grand-chose à en dire non plus.

✔ Senso (Ungaro)

Par un tour de passe-passe hélas de plus en plus courant, Senso a été complètement refondu sans crier gare en floral suave. Le nouveau est moins intéressant que l'ancien.

Sagamore (Lancôme)

Pleasant masculine eau de toilette, in the ginger-spice lineage of L'Homme (Versace), but less original and more suave. Not annoying, but not the stuff of dreams either.

Samsara (Guerlain)

Magisterial composition of ingredients that, in less expert hands, would certainly have given a shaky result. Samsara is, in a way, the common denominator of Guerlain fragrances offered in the pure state, as if an ideal face had been constructed out of the elements of a family resemblance. This would have been impossible or banal without calling upon a vast palette of synthetic ingredients that evoke, without mimicry, powdery and vanilla notes formerly part of the background.

Stable, powerful, of tremendous coherence, immediately recognizable, but without great mystery, Samsara is perhaps more remarkable for its absence of defects than for its qualities.

In small doses, during the day.
to be avoided: as a touch of luxury.

Santos (Cartier)

Pleasant but a little flat, Santos was one of the first to introduce a particular sweet, fruity note, presented here in an offhand way in a very manly context, which several years later showed its strange face in broad daylight in Le 3e Homme (Caron). Smells of managers: your superior, yes, but only in terms of money.

Scherrer 1 (Jean-Louis Scherrer)

Scherrer perfumes are of fuss-free, straightforward distinction, which doesn't conform to passing fads. Scherrer 1 begins on a very green note, then develops elegantly towards a rather discreet peppery finish. Nothing to criticize, but not much to say about it either.

✔ Senso (Ungaro)

By a sleight of hand sadly more and more common, Senso has been completely remade without warning as a sweet floral. The new is less interesting than the old.

Shalimar (Guerlain)

Shalimar est à la parfumerie ce que l'Étude « Révolutionnaire » est au répertoire du piano, un classique intensément aimé et écouté jusqu'à l'usure, mais qu'une nouvelle interprétation, ou une rencontre inattendue, ressuscitent à l'occasion même pour les plus blasés. Le parallèle avec le piano s'étend à la texture même de ce parfum : percussif, brillant, parvenu à force d'enrobage à étoffer sa sonorité jusqu'à la rendre riche et veloutée.

Direct et dénué de mystère, il doit son phénoménal succès à sa « féminité » décolletée, un peu dodue, et à son style à la fois flatteur, seyant et conventionnel de « petite robe noire qui va bien partout ». Très tenace et relativement variable sur la peau, il peut à l'occasion devenir entêtant, surtout s'il est porté tous les jours et que ses notes finales, persistant sur les vêtements, s'additionnent. Moins facile qu'on pourrait le croire, Shalimar est un parfum à porter de préférence avec humour, « entre guillemets ».

À éviter : le grand jeu.

Silences (Jacomo)

Une grande silhouette nette et fuselée, verte comme des tiges de fleur coupées et soutenue par une note métallique et blanche. Ce parfum très bien fait et sans prétention est une belle réussite dans le style propre et direct des années 70. Manque peut-être un peu de mystère, mais pas de personnalité. Très tenace et stable après un départ frais.

Bel emballage noir et or un peu kitsch.

Sur un homme : un soupçon le matin si vous osez,
sur une femme : très beau parfum de soir, propre et vert.

❀ Sinan (Jean-Marc Sinan)

Sinan joue jusqu'à la limite du supportable d'une note exaltée et intensément fluorescente de rose « héroïque » au sens où le sont les sonneries de cuivres à l'entrée des rois. Son mérite, c'est de ne pas avoir tenté le mélange et le compromis. Cette radieuse enfant de chromo biblique, les joues enfiévrées, les yeux brillants, prête à commettre un haut fait d'audace doit être appréciée telle qu'elle est : simple, un peu fruste mais brûlante comme un flamme.

Un parfum précaire et attachant.

Très beau flacon archaïsant.

Sur une femme : intense et légère,

Shalimar (Guerlain)

Shalimar is to perfumery what the "Revolutionary Étude" is to the piano repertoire, a classic intensely loved and listened to until it wears out, but which a new interpretation, or an unexpected encounter, revives on occasion even for the most jaded. The parallel with the piano extends to the very texture of this perfume: percussive, sparkling, and by virtue of its muffled sound becoming rich and velvety.

Direct and devoid of mystery, it owes its phenomenal success to its bosomy, slightly plump "femininity," and to a style at once flattering, fetching and conventional, like the "little black dress you can wear anywhere." Quite tenacious and relatively variable on the skin, it can occasionally become heady, especially if worn every day so its final notes, persistent on clothes, add up. Less facile than you might think, Shalimar is a perfume to wear preferably with humor, "in quotation marks."

To be avoided: the heavy come-on.

Silences (Jacomo)

A large, clear, tapered silhouette, green as the stems of cut flowers and supported by a metallic, white note. This well made and unpretentious perfume is a great success in the clean and direct style of the 1970s. Maybe lacks mystery but not personality. Very tenacious and stable after a fresh start.

Beautiful black and gold, slightly kitschy packaging.

On a man: a touch in the morning if you dare,
on a woman: quite lovely perfume for evening, clean and green.

❁ Sinan (Jean-Marc Sinan)

Sinan plays, at the limit of tolerance, an exalted and intensely fluorescent note of "heroic" rose like the clarion announcing the entrance of a king. Its merit is to have attempted neither combination nor compromise. This radiant child out of a Biblical illustration, cheeks fevered, eyes bright, ready to commit acts of daring, must be appreciated as it is: simple, a little rough, but blazing like a flame.

A precarious and endearing perfume.

Beautiful archaic-style bottle.

On a woman: intense and light,

à éviter: le style diva de duty free.

❀ Society Femme (Burberrys)
Semblable à Rumba (Balenciaga) par sa note de fruits du genre fusée, située cette fois dans un contexte poudreux assez riche mais un peu hygiénique. Donne l'impression d'être en train de regarder une télévision dont les couleurs seraient réglées au maximum. Étonnant, mais un sépia discret serait préférable.

Beau flacon style nécessaire de toilette 1900 surmonté d'un bouchon au cabochon rouge couleur confiture de fraises.

✔ Society Homme (Burberrys)
Honnête tisane tilleul-verveine qui finit sur une plaisante note d'after shave américain années 50.

Agréable mais un peu ennuyeux.

❀ Soir de Paris (Bourjois)
Dans un beau flacon en demi-lune bleu nuit, ce grand classique des années 20 refait surface. Hélas, le parfum actuel est inconsistant, pâle et flou, sans grand rapport avec l'original. Peut néanmoins servir d'eau de toilette florale légère.

À mettre au bord de la baignoire pour pouvoir le contempler.

Stéphanie (Bourjois)
Malgré son emballage rose tendre et son flacon drapé comme une robe, Stéphane est assez proche de certains parfums masculins tel par exemple Égoïste (Chanel). Fruité, frais, translucide, finissant sur une note suave et poudrée, il fait une eau de toilette fraîche et sans prétention.

✔ Sublime (Patou)
Sublime est une splendide tentative de faire du vieux avec du neuf, c'est-à-dire de composer un parfum de « dame » aux proportions classiques en faisant explicitement appel à l'inquiétante panoplie de la synthèse moderne.

Patou n'a pas voulu ici remettre en question l'opportunité du Grand Style. La gageure était de réussir une galerie des glaces en kevlar. Une meringue fruitée intensément lumineuse et très sucrée, qui à elle seule

to be avoided: the duty-free diva style.

❀ **Society Femme (Burberrys)**

Resembles Rumba (Balenciaga) via its fruity notes of the rocket-flare genre, this time situated in a powdery context, quite rich but slightly hygienic. Gives the impression of watching a TV whose colors have been adjusted to maximum saturation. Astonishing, but a discreet sepia would be preferable.

Beautiful bottle in the style of a grooming requisite circa 1900, capped with a red cabochon the color of strawberry jam.

✔ **Society Homme (Burberrys)**

Honest linden-verbena tea that ends on a pleasant note of 1950s American aftershave.

Pleasant but a little boring.

❀ **Soir de Paris (Bourjois)**

In a beautiful midnight-blue, half-moon bottle, this classic of the 1920s has resurfaced. Alas, the current perfume is inconsistent, pale, and vague, with little connection to the original. Can nevertheless be used as a light floral eau de toilette.

To be placed on the edge of the bathtub for contemplation.

Stéphanie (Bourjois)

Despite its soft pink packaging and bottle draped like a dress, Stéphanie is rather close to certain masculine fragrances, for example Égoïste (Chanel). Fruity, fresh, translucent, finishing on a sweet, powdery note, it makes a crisp and unpretentious eau de toilette.

✔ **Sublime (Patou)**

Sublime is a splendid attempt to create the old with the new, which is to say, to compose a "ladylike" perfume of classical proportions while explicitly making use of the alarming panoply of modern synthetics.

Patou was not here questioning the appropriateness of the Grand Style. The challenge was to make a hall of mirrors out of kevlar. An intensely luminous and very sugary fruity meringue, which alone

ne serait qu'une grande pièce montée, est dorée à la feuille par une note de fumée d'encens d'une sécheresse absolue. Comme l'a dit Antonin Carême, « l'architecture a pour branche principale la pâtisserie ».

Un grand parfum.

Sur une femme : très jeune,

sur un homme : impeccable et sensuel,

à éviter : toutes voiles dehors.

would be merely a grand *pièce montée*, is gilded by an absolutely dry note of incense smoke. As Antonin Carême put it, "Pastry is the principal branch of architecture."

A great fragrance.

On a woman: very young,
on a man: impeccable and sensual,
to be avoided: all sails to the wind.

T

♥ **Tabac Blond (Caron)**

Un des rares parfums résolument non floraux, tout en notes sèches, sombres, brunes et dorées de terre, de cuir et d'ambre. Épicé, lourd, oriental, en apparence peu « féminin », il a l'élégance riche et sans chichi des garçonnes des années 20, adoucie par la délicieuse base crémeuse des grands parfums Caron. Très typé sans agressivité, il plaira à ceux et à celles qui aiment l'automne, les bijoux égyptiens, les cabinets de manuscrits et les pavés au chocolat noir. Un petit reproche cependant : le Tabac Blond d'il y a dix ans faisait encore moins de compromis et en était d'autant meilleur. L'actuel met un peu plus l'accent sur l'ambre et risque de décevoir celles qui, comme Mlle Chanel, se sentent capables de dire « je vais te les mettre toutes en noir ».

Sur une femme : aviatrice bas-bleu,
sur un homme : élégant et discret.

Tabu (Dana)

Tabu est le troisième panneau d'un triptyque de banquet médiéval qui rassemblerait la vanille de Shalimar (Guerlain) et la menthe de l'impérissable Emeraude (Coty) [l'original, pas le fade sirop vendu sous ce nom aux États-Unis]. Tabu, le parfum-miel, obéit à l'esthétique barbare de cet or potable. Simple comme une couronne de prêtre-roi, Tabu est une bouffée brûlante d'un temps où les liqueurs chassaient les fièvres et les gemmes ressemblaient à des fruits candis.

Les deux superbes parfums Dana (Taba et Canoé) semblent être en voie de disparition en France, mais sont relativement courants dans d'autres pays.

T

♥ **Tabac Blond (Caron)**
One of the few resolutely non-floral perfumes, all in dry, dark, earthy brown and gold, in leather and amber notes. Spicy, heavy, oriental, seemingly not very "feminine," it has the rich, unfussy elegance of the 1920s garçonnes, softened by the delicious creamy base of the great Caron perfumes. Distinctive without harshness, it will appeal to those who love autumn, Egyptian jewelry, manuscript collections, and dark chocolate cake. A little criticism however: the Tabac Blond of ten years ago made even fewer compromises and was all the better. The current puts a little more emphasis on amber and may disappoint those who, like Mademoiselle Chanel, feel capable of saying, "I'll put all those bitches in black."*

On a woman: bluestocking aviator,
on a man: elegant and discreet.

Tabu (Dana)
Tabu is the third panel of a medieval triptych of a banquet that brings together the vanilla of Shalimar (Guerlain) and the mint of the imperishable Emerald (Coty) [the original, not the bland syrup sold by this name in the United States]. Tabu, the perfume-honey, obeys the barbaric aesthetic of this drinkable gold. Simple as the crown of a priest-king, Tabu is a scorching blast of air from a time when liqueurs drove out fevers and gems resembled candied fruit.

The two superb Dana fragrances (Tabu and Canoé) seem to be endangered in France but are relatively common in other countries.

---

* Chanel's famous actual words were the far cruder, *"Je vais toutes les foutre en noir,"* which would translate roughly as, "I'll fuck them all in black."

✔ Talisman (Balenciaga)

Inachevée et troublante comme la beauté de l'adolescence, la note de départ de Talisman est un rapide coup de pinceau trempé dans une joie fugitive. Voici cette chose rare, un parfum fantaisie dans les trois sens du terme : alcool de couleur étrange destiné à un cocktail bu en terrasse, bijou de princesse dont la dorure s'émiette dans la main, trêve d'un soir dans l'habitude du sérieux. On sent que Talisman oeuvrera de nombreux étés à fabriquer de beaux souvenirs. On aimerait le voir rencontrer son âme soeur, Witness. On regrette, en le sentant, de ne plus avoir vingt ans.

Beau travail.

Tamango (Léonard)

Fidèle au style Léonard fait de notes de cœur florales, riches et recherchées, Tamango s'inscrit dans la lignée sculpturale et profilée de Rive Gauche (Saint-Laurent) mais de façon moins savonneuse, plus chaude et plus naturelle. Pour ceux et celles qui aiment cette note « métallique » assez tenace, mais préfèrent un contexte un tout petit peu plus « fourrure ». Un très beau parfum.

Sur un homme : sa note d'iris poivré est parfaite si elle est utilisée avec discrétion,

sur une femme : en parfum de jour.

Tea Rose (The Perfumer's Workshop)

On ne peut pas dire que Tea Rose soit à proprement parler un parfum : de fait, c'est plutôt elle qui vous porte que le contraire. Comme la fleur du *Tombeau des lutteurs* de René Magritte, Tea Rose exerce de toutes parts une pression soyeuse d'édredon de satin. S'il y a un soir où l'on peut être pris de l'envie de se faire tatouer, il existe aussi un matin où l'on ne veut rien d'humain, et où seule la compagnie d'une belle plante solidement végétale est tolérable. Ce jour-là, il faut avoir Tea Rose.

Tea Rose est peu courant, mais on le trouve dans les grands magasins parisiens.

❀ Teatro alla Scala (Krizia)

Apparenté à la catégorie magnifiquement métissée des épicés orientaux, Teatro alla Scala parvient à une richesse florale poivrée et un tantinet fluorescente, mais sans agressivité.

✔ Talisman (Balenciaga)

Unfinished and unsettling like the beauty of adolescence, Talisman's top note is a quick stroke of a brush dipped in a fleeting joy. Here is this rare thing, a perfume that is fancy in three senses of the term: a strangely colored alcohol destined for a cocktail on the terrace, a princess's jewel whose gilding flakes onto the hand, an evening's reprieve from the habit of seriousness. One feels that Talisman will do its job for many years of making beautiful memories. One would like to see it meet its soulmate, Witness. One regrets, smelling it, not being twenty years old.

Beautiful work.

Tamango (Léonard)

Faithful to the Léonard style of rich and rare floral heart notes, Tamango is a member of the sculptural and streamlined lineage of Rive Gauche (Saint-Laurent), but in a less soapy, warmer, and more natural manner. For those who like this rather tenacious "metallic" note, but prefer just a touch more "fur coat" context. A beautiful perfume.

On a man: its note of peppered iris is perfect if used with discretion, on a woman: as daytime fragrance.

Tea Rose (The Perfumer's Workshop)

It cannot be said that Tea Rose is properly speaking a perfume: in fact, it wears you rather than the opposite. Like the flower of René Magritte's "Le tombeau des lutteurs (The tomb of the wrestlers)," Tea Rose exerts the silken pressure of a satin eiderdown quilt on all sides. If there can come an evening when one is struck by the desire to get a tattoo, there may also come a morning when one wants nothing human, when only the company of a beautiful plant, solidly vegetable, is tolerable. On that day, you must have Tea Rose.

Tea Rose is uncommon but is found in Parisian department stores.

❀ Teatro alla Scala (Krizia)

Related to the magnificently mixed category of spicy orientals, Teatro alla Scala achieves a peppered floral richness and a smidgen of fluorescence, but without aggressiveness.

Ses points forts : un départ symphonique (plutôt section cuivres de l'orchestre) enthousiasmant et une suite sans vulgarité.

Une très belle réussite dans sa catégorie, un parfum pour les grands soirs.

Flacon Art Déco luxueux, aussi bien en extrait qu'en eau de toilette atomiseur. Ce parfum n'est malheureusement pas distribué en France, achetez-le en voyage.

A éviter: grandes rousses, strass et paillettes.

✔ Tendre Poison (Dior)

Pour se faire pardonner ses errements, Dior aurait pu créer un bon parfum et le nommer Contre-Poison; un Mithridate pour homme n'aurait pas non plus été inutile. Au lieu de cela, on nous propose un fleuri-fruité vert pâle dans lequel tout suggère la rombière à l'état de bourgeon.

✔ ♥ Tocade (Rochas)

Des études savantes ont, paraît-il, montré que la décision d'acheter un parfum est prise dans les dix secondes qui suivent le premier contact des molécules crochues avec le velcro nasal. Adieu donc les parfums profonds, ceux qui font connaissance avant de se raconter?

C'était oublier que pour certains la concision n'est pas une contrainte. Au moment où l'on n'attendait plus que des slogans, Tocade réussit un poème, un parfum immédiat, abstrait et évocateur comme un drapeau. Dix secondes suffisent largement, on se sent d'emblée merveilleusement bien dans la lumière dorée de soir d'été qui le traverse. À tout moment, on croit déceler des odeurs familières sans pouvoir les nommer : serait-ce une peau salée qui sent le biscuit ou l'inverse? Comme Cabochard, Tocade est un parfum habité, mais l'être invisible, cette fois, revient de la plage au lieu de sortir dîner. Qui est-ce? Qui sait? Au fond, rien ne presse, puisque Tocade a arrêté cet instant pour toujours. On a la vie devant soi pour trouver.

Indispensable.

✔ Très Jourdan (Charles Jourdan)

Dans un flacon faux Art Déco qui semble avoir été dessiné par un étudiant de seconde année en design industriel, un parfum de pamplemousse rendu tanneux par une note métallique. Sent la boîte de conserve.

Its strengths: an exciting symphonic top note (rather the brass section of the orchestra) followed by a drydown devoid of vulgarity.

A great success in its category, a perfume for a grand evening.

Luxurious Art Deco bottle, just as nice in the extract as in the eau de toilette atomizer. This fragrance is unfortunately not distributed in France: buy it on a trip.

To be avoided: big red hair, rhinestones and glitter.

✔ Tendre Poison (Dior)

To atone for the error of their ways, Dior could have created a good perfume and named it Counter-Poison; a Mithridate Pour Homme also would not have been useless. Instead, we are offered a pale green fruity-floral in which everything suggests a dowager in the bud.

✔ ♥ Tocade (Rochas)

Scientific studies have, it seems, shown that the decision to buy a perfume is made within ten seconds after the first contact of the molecular hooks with the nasal velcro. Is it farewell then to profound perfumes, those who get to know you before telling you everything?

We forget that, for some, brevity is not a constraint. Just when one could expect nothing more than slogans, Tocade succeeded in creating a poem, a perfume as immediate, abstract, and evocative as a flag. Ten seconds is ample time; straightaway one feels marvelously well in the golden light of summer evening that runs through it. Each moment one seems to detect familiar smells that cannot be named: is it a salty skin that smells of biscuits or vice versa? Like Cabochard, Tocade is an inhabited perfume, but the invisible being, this time, returns from the beach instead of going out to dinner. Who is it? Who knows? Fundamentally, it isn't urgent, since Tocade pauses on this moment forever. We have our whole lives before us to figure it out.

Indispensable.

✔ Très Jourdan (Charles Jourdan)

In a fake Art Deco bottle that seems to have been designed by a sophomore in industrial design, a grapefruit scent made tannic by a metallic note. Smells of tin can.

Trésor (Lancôme)

Homogène, saturé, extraordinairement velouté, dépourvu du scintillement des parfums classiques, Trésor perce la brume des odeurs comme un fanal orange de bout de jetée. Dès le premier abord on sent qu'on a affaire à un repère solide et fixé comme le roc : s'il semble changer de couleur ou de position, c'est que le monde tourne, que la nuit tombe ou que notre nez dérive.

Bientôt l'on comprend que, sans faire appel à une note entièrement inédite, Trésor a réussi la recomposition du puzzle exaspérant des senteurs nouvelles que plusieurs autres avaient rendu en morceaux.

On regrette alors de s'être plaint des nouveaux parfums synthétiques et d'avoir eu la nostalgie du passé. On se dit qu'elle embellit nos souvenirs, que le temps sélectionne et que la nouveauté induit parfois en erreur. On se raisonne : l'art change, qu'on le veuille ou non, et ce serait injustice de ne pas saluer la beauté de Trésor sous prétexte qu'elle est neuve. Alors, sans plus tarder, on l'aime.

✔ ❀ Tribù (Benetton)

Jeunesse multicolore = salade de fruits. Cette équation d'ogre myope sert de base à nombre de parfums actuels qui recherchent la fraîcheur précisément là où elle risque le moins de se trouver : dans un mélange de froid et de chaud.

Tribù est un lointain cousin de Cristalle (Chanel), mais là où ce dernier assemble un chœur réfrigérant de voix blanches, Tribù opte pour une clameur de style « world music ».

Le départ est intéressant et complexe grâce, entre autres, à une éphémère note de cuir frais, mais la partition se raréfie rapidement et la finale fait un peu Banga.

Le meilleur des fruités pastel récents, mais sans plus. Beau flacon.

Tsar (Van Cleef et Arpels)

Tsar complique inutilement la note de pomme reinette de Green Irish Tweed (Creed) en l'associant à une foule de notes plus classiques et parvient, comme un enfant jouant maladroitement avec une boîte d'aquarelles, à une couleur entre le brun, le vert et le gris qui donne envie de tout recommencer.

Trésor (Lancôme)

Homogeneous, saturated, extraordinarily velvety, devoid of the sparkle of classic perfumes, Trésor pierces the fog of smells like an orange lantern at the end of a pier. From the first encounter, one feels that one is dealing with a solid and fixed landmark: if it seems to change color or position, it is because the world is turning, night is falling, or one's nose is drifting.

Soon we understand that, without appealing to an entirely novel note, Trésor has managed to recompose the exasperating puzzle of new scents that others had left in pieces.

One regrets to have complained about the new synthetic fragrances and to have had such nostalgia for the past. One says to oneself that one's memories are embellished, that time is selective, and that innovation sometimes leads to error. One reasons thus: art changes, whether one likes it or not, and it would be unfair not to salute the beauty of Trésor on the pretext that it is new. So, without further ado, one loves it.

✔ ❁ Tribù (Benetton)

Multicolored youth = fruit salad. This equation from myopic ogres serves as the basis for many of the current perfumes that seek freshness precisely where it is least likely to be found: in a mixture of hot and cold.

Tribe is a distant cousin of Cristalle (Chanel), but where the latter assembles a refrigerating chorus of toneless voices, Tribu chooses the clamor of "world music" style.

The top note is interesting and complex thanks to, among other things, an ephemeral note of fresh leather, but the drydown is a bit Fanta.

The best of the recent pastel fruity fragrances, but not more. Beautiful bottle.

Tsar (Van Cleef et Arpels)

Tsar unnecessarily complicates the rennet apple note of Green Irish Tweed (Creed) by combining it with a host of more classic notes, and achieves, like a child playing clumsily with a box of watercolors, a color somewhere between brown, green, and gray that makes you want to start all over again.

✔ Tuscany Donna (Aramis)

Un aspect curieux de l'esthétique bon marché en parfumerie est qu'elle coûte aussi cher que les autres. Elle dérive donc d'un choix et pas d'une nécessité, mais lequel? En général, les modes se fraient, avec le temps, un chemin vers le bas. Vu la profondeur de la nappe phréatique qui véhicule Tuscany, il faut remonter il y a vingt ans, du côté de Charlie et Cachet, pour trouver son origine.

Tuscany incarne un goût de jeune Américaine soumise à la dictature « pantalons à revers et grandes enjambées », qui est au vrai parfum ce que l'air conditionné est au vent du large. De ce confinement de supermarché, Tuscany restitue le rayon « propre », purgatoire d'odeurs opaques à grand pouvoir couvrant dont on espère vainement qu'elles repeindront la vie en rose.

✔ Tuscany Donna (Aramis)

A curious aspect of the cheap aesthetic in perfumery is that it costs as much as the others. Thus it derives from a choice and not a necessity, but which? In general, trends make their way, with time, to the bottom. Given the depth of the water table that conveys Tuscany, we must climb back up to twenty years ago, to Charlie and Cachet, to find its origins.

Tuscany embodies the taste of young American women subject to the instruction "cuffed trousers and long strides," which is to real perfume what air conditioning is to a sea breeze. From this supermarket captivity, Tuscany embodies the cleaning aisle, a purgatory of opaque odors with great covering power which we hope in vain will give life a fresh coat of paint.

U

✔ Un Bois Sépia (Shiseido)

Le soliste dans Un Bois Sépia est la myrrhe, que l'on confond souvent avec l'autre présent des rois mages. Parfaite illustration du fait qu'en parfumerie les corps simples ont des odeurs composées, la myrrhe hésite entre le bleu électrique de l'encens et le jaune soufré du zeste de citron. Cette irrésolution entre brûlant et frais confère à Un Bois Sépia un flou qu'aucune familiarité n'épuise. Impeccablement intelligent et discret, Un Bois Sépia est le parfum idéal du grand voyageur en chambre.

Ungaro (Ungaro)

« Moi je trouve ça fort, le sucre! », écrivait Roland Barthes. Grâce à Ungaro, cette intuition est maintenant accessible au plus grand nombre. Ungaro prolonge la note sucrée-brûlante de Loulou (Cacharel) dans la direction d'une boîte de tabac pour pipe au miel, et obtient un majestueux parfum de science-fiction, dense comme une étoile à neutrons et diffus comme une géante rouge. Vaut le voyage.

Après Angel (Thierry Mugler), Ungaro est le parfum le plus tenace de la production actuelle : une dose par semaine sur le tissu pourrait suffire : ne le laissez pas remplir la pièce.

Sur un homme: irrésistible à doses homéopathiques,

sur une femme : pas tous les jours, mais sans aucun doute certains soirs, et surtout pas trop.

Ungaro Pour l'Homme (Ungaro)

Les parfums masculins qui se succèdent, tous basés sur une note nouvellement découverte par la chimie de synthèse, ressemblent parfois au jeu de bataille navale : trop haut, puis trop bas, trop à droite… après une vingtaine de coups, un va en plein dans le mille. Sans être désagréable, Ungaro Pour l'Homme passe au-dessus de la cible. Sur la base de la

U

✔ Un Bois Sépia (Shiseido)

The soloist in Un Bois Sépia is myrrh, which is often confused with another gift of the three kings. A perfect illustration of the fact that in perfumery simple bodies have compound odors, myrrh hesitates between the electric blue of incense and the yellow sulfur of lemon zest. This irresolution between burning and fresh gives Un Bois Sépia an ambiguity that familiarity does not exhaust. Impeccably intelligent and discreet, Un Bois Sépia is the ideal perfume for a grand armchair explorer.

Ungaro (Ungaro)

"As for me, I find sugar very strong!" wrote Roland Barthes. Thanks to Ungaro, this intuition is now available to greater numbers. Ungaro extends the burnt sugar note of Loulou (Cacharel) in the direction of a box of honeyed pipe tobacco, and gets a majestic sci-fi scent, dense as a neutron star and diffuse as a red giant. Worth the trip.

After Angel (Thierry Mugler), Ungaro is the most tenacious perfume currently produced; one dose per week on fabric would suffice. Don't let it fill the room.

On a man: irresistible at homeopathic doses,

on a woman: not for every day, but undoubtedly some nights, and above all don't overdo it.

Ungaro Pour l'Homme (Ungaro)

The masculine fragrances that follow one after the other, all based on a novel note recently discovered by synthetic chemistry, sometimes resemble a game of Battleship: too high, then too low, too far right ... after twenty shots, one in a thousand is a straight hit. Without being unpleasant, Ungaro Pour l'Homme passes over the target. On the basis of the

même note feuillue macérée, Fahrenheit (Dior) lui, tirait un peu bas. Ungaro Pour l'Homme la reprend sur un fond boisé plus chaud, propre et à mon sens moins intéressant.

À quand le touché-coulé?

Sur une femme : intéressant, comme presque tous ses cousins.

same macerated leafy note, Fahrenheit (Dior) shot a little low. Ungaro Pour l'Homme retries it on a warmer, cleaner, and in my opinion less interesting woody background.

When will they sink the battleship?

On a woman: interesting, like almost all its cousins.

V

Vacances (Patou)

J'évoque, à propos d'Ysatis (Givenchy), ce portrait de belle femme sérieuse et tendre qui se transmet d'âge en âge comme un camée.

Vacances, avec son départ vert et légèrement effervescent et sa note de muguet lumineux nous la montre enfin d'humeur enjouée.

On a envie de dire, comme de Garbo dans Ninotchka:

« Elle rit! »

Les rééditions Patou sont disponibles en eau de toilette et extrait dans des flacons qui se distinguent l'un de l'autre par leurs bouchons ouvragés. L'extrait n'existe qu'en une once.

✔ Van Cleef (Van Cleef & Arpels)

La parfumerie de synthèse explore actuellement des odeurs sucrées, tenaces et comestibles : on veut trouver un successeur à la glorieuse vanilline et on fouille sans trêve dans les desserts et les douceurs. Cela permet de jouer des tours, sciemment ou non, à nos habitudes. De même qu'il suffit à un criminel en fuite de raser sa moustache pour devenir méconnaissable, la plus mince altération d'une odeur familière lui permet de refaire luxueusement sa vie dans l'incognito d'un parfum.

Comme la lettre volée de Poe, l'étrange créature de Van Cleef se cache en plein jour : on peut la côtoyer mille fois sans comprendre, mais un souvenir suffit à la démasquer. Au risque de gâcher le plaisir de mille limiers enthousiastes, voici un indice : caramel mou.

✔ Vendetta (Valentino)

Le lustre de fleurs en laiton qui éclairait si brutalement Amarige est ici recadré à plus petite échelle dans un contexte typiquement italien de pain d'épices rappelant le rutilant Teatro alla Scala (Krizia). Le

V

Vacances (Patou)

I mentioned, regarding Ysatis (Givenchy), a portrait of a serious, tender, beautiful woman who passes from era to era like a cameo.

Vacances, with its green and slightly effervescent top note and its luminous note of lily-of-the-valley, finally shows her in a cheerful mood.

We want to say, as of Garbo in Ninotchka: "She laughs!"

Patou reissues are available in eau de toilette and extrait, in bottles that are distinguished from each other by their finely-worked stoppers. The extract exists only in one ounce.

✔ Van Cleef (Van Cleef & Arpels)

Synthetic perfumery is currently exploring sweet, tenacious, and edible smells: what they want is a successor to glorious vanillin, and therefore they search unceasingly through desserts and sweets. This allows tricks to be played, knowingly or not, upon our assumptions. Just as it is enough for a fugitive criminal to shave his mustache to become unrecognizable, the barest alteration of a familiar odor allows it to make a new luxurious life for itself in the incognito of perfume.

Like Poe's purloined letter, Van Cleef's strange creature hides in broad daylight: one can visit it a thousand times without understanding, but one memory is enough to unmask it. At the risk of spoiling the pleasure of a thousand enthusiastic bloodhounds, here is a hint: soft caramel.

✔ Vendetta (Valentino)

The chandelier of brass flowers that so brutally illuminated Amarige is here resized on a smaller scale in a typical Italian gingerbread context, reminiscent of the gleaming Teatro alla Scala (Krizia). The

problème est dans l'intention : on a voulu moderniser par un accessoire incongru une formule qui a de toute façon fait son temps. Très fort, très chimique et pas très intéressant.

Vent Vert (Balmain)

Par son enthousiasmante note de départ rappelant les tiges de fleurs fraîchement coupées, Vent Vert avait séduit toute une génération. Son évolution dans le temps est celle d'un spectre solaire réfracté par un prisme : on passe du vert à un jaune citronné de bergamote, puis à un orange doré. En finale, des notes de rose et de muguet entremêlées comme mélodie et contrepoint illustrent la virtuosité du parfum français à son apogée.

Vent Vert a récemment été « modernisé » dans l'emballage et, hélas, dans la formulation. Fort heureusement, cette refonte est relativement proche de l'original, peut-être un peu moins riche, mais ne dénature pas sa forme magnifique.

Versace L'Homme (Gianni Versace)

Une véritable oasis de calme et de plaisir dans l'interminable rallye désertique des eaux de toilette masculines. Versace L'Homme est construit autour d'une surprenante note verte et propre de gingembre confit et d'épices, ni fluorescente ni éteinte, qui sonne juste et frais. Il s'atténue sans se disperser ni perdre son équilibre. Riche, original, immédiatement reconnaissable, ce parfum est une grande réussite.

Sur une femme : qui cherche sa note de gingembre que l'on ne retrouve en parfum de femme que dans Fiamma (Marcella Borghese), difficile à trouver en France et moins riche,

sur un homme : raffiné.

✔ Versus Homme (Gianni Versace)

Intéressant parfum qui pivote autour d'un rébus de trois notes disparates et ensoleillées : une huile d'olive verte et fruitée, une poudreuse senteur de vieux livre de poche jauni et une note de loukoum à la rose. Mon tout rassemble ces ingrédients dans un sac en éponge et part vers la plage.

Sur un homme : brun et bronzé,

sur une femme : comme alternative à Parfum Sacré (Caron),

problem is in the intention: to modernize, by an incongruous accessory, a formula whose time, at any rate, is over. Very strong, very chemical and not very interesting.

Vent Vert (Balmain)

By way of its exciting top note reminiscent of freshly-cut flower stems, Vent Vert seduced an entire generation. Its evolution over time is that of a solar spectrum refracted by a prism: one goes from green to the lemon-yellow of bergamot, then to a golden orange. For a finale, notes of rose and lily-of-the-valley intertwined like melody and counterpoint illustrate the virtuosity of French perfume at its peak.

Vent Vert has recently been "modernized" in packaging and, alas, in formulation. Fortunately, this reorchestration is relatively close to the original, perhaps a touch less rich, but without altering the nature of its magnificent form.

Versace L'Homme (Gianni Versace)

A true oasis of calm and pleasure in the interminable desert racecourse of masculine eaux de toilette. Versace L'Homme is built around a surprising green, clean note of candied ginger and spices, neither fluorescent nor faded, which come off well-judged and fresh. It fades without falling apart or losing its balance. Rich, original, immediately recognizable, this fragrance is a grand success.

On a woman: who seeks the ginger note found in women's perfumes only in Fiamma (Marcella Borghese), hard to find in France and less rich, on a man: refined.

✔ Versus Homme (Gianni Versace)

Interesting scent that revolves around a rebus of three disparate, sunny notes: a green fruity olive oil, a powdery odor of old yellowed paperback, and a note of rose "loukoum." The answer gathers all these ingredients in a terrycloth bag and heads to the beach.

On a man: dark-haired and deep skinned,
on a woman: as an alternative to Parfum Sacré (Caron),

à éviter: le look de l'emballage.

Vétiver (Guerlain)

Un des rares du nom à ne pas trahir l'intention de cette racine sans compromis, Vétiver est un tempérament autant qu'un parfum, surtout lorsqu'il est porté par une femme. Stoïque et discret, Vétiver oppose un refus altier à toutes les douceurs sauf à celles de son orgueilleuse solitude. À la fois lointain et parfaitement net, il doit être porté en sourdine et ne se faire sentir que lors d'un baiser.

Sur une femme : de préférence,
sur un homme : avec humour,
à éviter : le porter par imitation.

Vétiver (Annick Goutal)

Les amateurs de vétiver, toujours inquiets d'une trahison possible, seront surpris mais pas déçus par cet audacieux parfum. Échappant au vétiver classé dans les épices, Annick Goutal explore un versant jusqu'ici inconnu de cette racine en l'associant à une note iodée. Ce parfum de grand air marin souligne le côté pierreux du vétiver, et compose un accord à la fois sec et tonique de garrigue roussie par l'été. Une grande réussite.

Sur une femme : parfum de jour, style veste en tweed,
sur un homme : tonique matinal discret mais tenace.

Violette Précieuse (Caron)

La violette à elle seule est fragile et tendre. Pour la rendre précieuse, c'est-à-dire solide, il faut qu'elle devienne friande comme un bonbon ou dure comme un émail bleu nuit sur argent. Caron a brillamment fait les deux en même temps : d'une part, des notes de citron et de vanille la font craquer sous la dent comme une confiserie, de l'autre, une note sérieuse et sèche d'iris l'enlumine.

Tirer parti de ces deux affinités et équilibrer le sucré et l'acide relève du plus grand art. Violette Précieuse est un de ces parfums Caron dont on se demande si on préfère les porter ou les sentir. Une merveille.

Caron a temporairement cessé de le fabriquer. Peut-être qu'une grande manif du rond-point des Champs-Elysées à l'Alma pourrait les faire changer d'avis?

Sur une femme : Colette,

to be avoided: the same look as the packaging.

Vétiver (Guerlain)
One of the few so named that doesn't betray the intentions of this un-compromising root, Vétiver is a temperament as much as a perfume, especially when it is worn by a woman. Stoic and discreet, Vétiver re-turns a haughty refusal to all sweetness except to that of its proud soli-tude. At the same time distant and perfectly clear, it must be worn quietly and smelled only at the moment of a kiss.
On a woman: preferably,
on a man: with humor,
to be avoided: wearing it by imitation.

Vétiver (Annick Goutal)
Vetiver lovers, always worried about possible betrayal, will be surprised but not disappointed by this daring perfume. Avoiding classing vetiver with the spices, Annick Goutal explores a hitherto unknown side of this root by associating it with a note of iodine. This scent of fresh oceanic air emphasizes the flinty side of vetiver, and composes an accord both dry and tonic of garrigue scorched by the summer. A grand success.
On a woman: daytime fragrance, tweed-jacket style,
on a man: discreet but tenacious morning tonic.

Violette Précieuse (Caron)
Violet by itself is fragile and tender. To render it precious, that is to say solid, it must become as sweet as candy or as hard as midnight-blue enamel on silver. Caron brilliantly does both at the same time: on the one hand, notes of lemon and vanilla make it crack in the teeth like con-fectionery, and on the other, a serious, dry note of iris illuminates it.

Taking advantage of these two affinities and balancing sweetness and sour raises it to the level of high art. Violette Précieuse is one of those Caron fragrances that make one wonder whether it is preferable to wear them or smell them. A marvel.

Caron has temporarily stopped making it. Perhaps a big demonstra-tion at the Champs-Elysées roundabout at Alma could make them change their minds?
On a woman: Colette,

sur un homme : sans problème, car c'est un parfum frais et discret.

✔ Virgilio (Diptyque)

Produit, comme l'Eau Lente, par une petite maison qui semble survoler l'agitation du monde, Virgilio est une devinette apéritive : comme le faisait en son temps le délicieux savon anglais transparent Pears, les composantes (basilic, herbes, hélional) de Virgilio désignent toutes la place d'un convive absent à jamais parce que non volatil : le sel. Très agréable.

Assez proche du Vétiver d'Annick Goutal, mais plus naturel.

Disponible exclusivement à la boutique Diptyque à Paris, boulevard St-Germain.

Vivre (Molyneux)

Vivre est la troisième Grâce de la sculpture abstraite années 70. Après le galbe de marbre (Chamade, Guerlain) et la carène d'acier (Rive Gauche, Saint-Laurent), on a affaire ici à un tout autre matériau, translucide et vert comme l'angélique confite, froid et doux comme une pâte de verre dépoli.

Ce qui lui donne son charme unique est son échelle, très légèrement réduite par rapport à ses sœurs : certains objets luxueux sont parfaits en taille « sept-huitièmes », comme si la même dose de beauté gagnait à être concentrée dans des proportions encore adolescentes.

Sa discrétion lui a coûté : Vivre est resté curieusement confidentiel, souffrant en partie de l'image moins luxueuse de Molyneux et d'un relatif silence publicitaire.

Sur un homme : il faut oser, mais la fortune sourit aux audacieux, sur une femme : lasse des sent-fort, en parfum de jour.

Vocalises (Maître Gantier)

Une des innovations de Jean Laporte, a consisté dans la refonte du départ d'un parfum. Jusqu'à il y a quelques années, celui-ci était le plus souvent anodin, voilé. De même que les rideaux de scène sont en général peu intéressants à regarder, les notes de départ servaient souvent à couvrir la mise en place du décor. Jean Laporte a su briser cette convention en donnant à nombre de ses parfums une véritable « ouverture » orchestrale parfois effervescente, parfois sensuelle mais toujours prenante et immédiate.

on a man: no problem, since it is fresh and discreet.

✔ Virgilio (Diptyque)

Produced, like L'Eau Lente, by a little house that seems to fly above the hustle and bustle of the world, Virgilio is an appetizing riddle: just like the delightful, transparent English soap Pears, the components (basil, herbs, helional) of Virgilio all designate the place of a guest forever absent because not volatile: salt. Very pleasant.

Rather close to the Vétiver from Annick Goutal, but more natural.

Available exclusively at the Diptyque boutique in Paris, Boulevard St-Germain.

Vivre (Molyneux)

Vivre is the third of the three Graces of 1970s abstract sculpture. After the marble curve (Chamade, Guerlain) and the steel hull (Rive Gauche, Saint-Laurent), we are dealing here with an entirely different material, translucent and green as candied angelica, cold and velvety as a frosted pâte de verre.

Its unique charm is due its scale, very slightly reduced compared to its sisters: some luxurious objects are perfect in "seven-eighths" size, as if the same dose of beauty were concentrated in as yet adolescent proportions.

Its discretion cost it: Vivre remained a curiously well-kept secret, suffering in part from the less luxurious image of Molyneux and a relative silence in advertising.

On a man: requires daring, but fortune favors the bold,
on a woman: weary of strong fragrances, for daytime use.

Vocalises (Maître Gantier)

One of Jean Laporte's innovations consisted in reconsidering the beginning of a perfume. Until a few years ago, it was mostly insignificant, veiled. In the way that stage curtains are generally uninteresting to look at, top notes often served merely to conceal the arranging of the decor. Jean Laporte was able to break this convention by giving to many of his perfumes a real orchestral "overture," sometimes effervescent, sometimes sensual, but always catchy and immediate.

De fait Vanilia (Jean Laporte) était tout ouverture, comme celles de Mozart que l'on écoute sans l'opéra qui suit.

Vocalises est un parfum d'un art achevé, une sorte de rétrospective en miniature des trouvailles successives de son créateur qui s'emboîtent ici parfaitement les unes dans les autres ; d'emblée, on pénètre dans un espace appétissant, chaud et épicé ; imperceptiblement, l'atmosphère s'éclaircit en passant d'abord à des notes fruitées, puis florales dans un dégradé parfait. La finale est un fastueux équilibre entre fleur et fruit qui rappelle par son côté « melon » le regretté Grain de Sable (Nicky Verfaillie) en moins dissonant et plus riche. Une belle réussite.

Sur une femme : vive et fraîche.

✔ ❀ Volupté (Oscar de la Renta)

Dans un beau flacon au cabochon vert émeraude qui se prête sans effort à toutes les anamorphoses de la gamme, un parfum qui cherche à plaire à tout le monde et ne surprend personne. Véritable bande annonce olfactive, Volupté résume en deux mots Jardins de Bagatelle (Guerlain), cite un instant Boucheron et finit par paraphraser Trésor (Lancôme). Pour les femmes pressées.

In fact Vanilia (Jean Laporte) was all overture, like those of Mozart to which we listen without the opera that follows.

Vocalises is a perfume of consummate art, a kind of retrospective in miniature of the successive discoveries of its creator, which enclose each other here perfectly, one inside the other; from the start, we enter an appetizing space, warm and spiced; imperceptibly, the atmosphere clears as we pass first through fruity notes, then through floral in perfect gradient. The finale is a sumptuous balance between flower and fruit, the "melon" side of which is reminiscent of the much missed Grain de Sable (Nicky Verfaillie), less dissonant and richer. A great success.

On a woman: lively and fresh.

✔ ❁ Volupté (Oscar de la Renta)

In a beautiful bottle with an emerald-green cabochon, which lends itself effortlessly to the full range of anamorphoses, is a fragrance that wants to please everyone and surprises no one. A veritable olfactive series of previews, Volupté sums up in two words Jardins de Bagatelle (Guerlain), quotes Boucheron for a moment, and ends by paraphrasing Trésor (Lancôme). For women in a hurry.

W

White Linen (Estée Lauder)

Qui n'a pas souhaité, en tenant entre ses mains un gros savon de bain blanc tout neuf, pouvoir entendre en entier la petite musique de son générique? Estée Lauder comble ce vœu au centuple. Ce que l'on croyait être un refrain devient la première phrase d'une symphonie poudreuse et fruitée. Si N° 22 (Chanel) avait la luminosité d'un brouillard printanier, White Linen possède la radiance réfractée du soleil sur la neige.

Un très grand parfum.

Lorsque l'on ressent le besoin d'un grand nettoyage de printemps.

✔ ❀ Witness (Jacques Bogart)

Étrange création que ce parfum hybride, somme d'une eau de toilette masculine de beau brun, style Krizia Uomo, et d'un pot-pourri d'intérieur américain façon orange cloutée de girofle. On a l'impression de rencontrer l'aimable gigolo dans ses meubles, tous choisis par sa protectrice. Fruste et séduisant.

Sur une femme : très bien.

W

White Linen (Estée Lauder)

Who hasn't wished, while holding in his hands a brand new white bath soap, to be able to hear the full version of its jingle? Estée Lauder fulfills this wish a hundredfold. What was thought to be a refrain becomes the first phrase of a powdery, fruity symphony. If No. 22 (Chanel) had the luminosity of a springtime mist, White Linen possesses the refracted radiance of sun on snow.

A very grand perfume.

When you feel the need for a big spring cleaning.

✔ ❀ Witness (Jacques Bogart)

Strange creation, this hybrid fragrance, the sum of a masculine eau de toilette in the handsome, brunet Krizia Uomo style, plus an American potpourri room scent of the clove-studded orange variety. It gives the impression of meeting a friendly gigolo among his furnishings, all chosen by his protectress. Coarse and seductive.

On a woman: very good.

X

XS (Paco Rabanne)
Banale et surtout tardive réitération des clichés masculins récents. Beau flacon, mais le parfum, comme son nom l'indique, est *extra small*.

X

XS (Paco Rabanne)

Banal and especially late reiteration of recent masculine clichés. Beautiful bottle, but the perfume, as the name suggests, is extra small.

Y

Y (Saint-Laurent)
Premier parfum Saint-Laurent, Y est magnifiquement classique. C'est un des rares parfums avec le regretté Futur (Piguet) à ne s'autoriser aucune note sucrée tout en gardant un style indéniablement féminin selon les critères des années 50. Il peut paraître aujourd'hui un peu daté, mais reste le chef de file des chyprés verts, catégorie élégante et sobre entre toutes.

Très habillé, un peu vieillot.

Yatagan (Caron)
Seule vraie eau de toilette « virile » de Caron, Yatagan appartient au petit groupe des créations de cette maison qui n'ont jamais été hors commerce, tels Fleurs de Rocaille, Nocturnes et Pour un Homme.

Sans être follement original, Yatagan est un solide assemblage de bois et d'épices dont la tonalité cuivrée surprend et séduit. Très bien fait.

Sur une femme : de préférence.

Youth Dew (Estée Lauder)
Quarante ans après sa création, ce parfum anguleux, insolent et fardé comme un beau travesti reste aussi équivoque que le premier jour. Son nom tendre et frais est une ironie : sur un fond de parfum-fourrure sans douceur se détache une flamboyante note de resine, rappelant un trench ciré, tout neuf. À distance, il propage un aigu crissant et hygiénique qui lui confère le sillage le plus reconnaissable qui soit.

Youth Dew est un parfum vu par un cinéaste : comme avec ces visages de star presque difformes que la caméra transfigure, il nous faut plisser les yeux pour discerner, dans ce minois brutalement éclairé, une beauté imperissable.

Y

Y (Saint-Laurent)

Saint-Laurent's first perfume, Y is magnificently classic. It is one of the few perfumes alongside the much missed Futur (Piguet), to allow itself not a single sweet note while at the same time keeping to an undeniably feminine style according to the criteria of the 1950s. Today it may seem a little dated, but it still leads the green chypres, the most elegant and understated category of all.

Very formal, a little old-fashioned.

Yatagan (Caron)

The only real "manly" eau de toilette from Caron, Yatagan belongs to the small group of creations of this house that have never been out of production, such as Fleurs de Rocaille, Nocturnes and Pour un Homme.

Without being wildly original, Yatagan is a solid composition of wood and spices whose coppery tone surprises and seduces. Very well done.

On a woman: preferably.

Youth Dew (Estée Lauder)

Forty years after its creation, this angular perfume, insolent and painted like a beautiful transvestite, remains as ambiguous as the first day. Its tender, fresh name is an irony: on a background of fur-fragrance without sweetness, a flamboyant note of resin stands out, reminiscent of a waxed trenchcoat, brand new. From a distance, it propagates a crackling, clean treble that gives it the most recognizable sillage in existence.

Youth Dew is a perfume seen by a filmmaker: as with the almost deformed faces of stars which the camera transfigures, we have to squint our eyes to discern, in this brutally illuminated little face, an imperishable beauty.

Sur une femme : qui ne craint rien.

Ysatis (Givenchy)

Il existe, en parfumerie comme en littérature, la belle femme de trente ans, sage et romanesque, qui coiffe ses longs cheveux en chignon : c'est peut-être Mme de Rênal. Son parfum a longtemps été l'Air du Temps (Nina Ricci) ou, dans une moindre mesure, Fidji (Guy Laroche).

Ysatis renouvelle la formule en lui gardant sa blancheur marmoréenne, mais lui fait caresser avec douceur, comme du bout des doigts, des notes tour à tour citronnées et balsamiques.

Superbement poli dans les deux sens du terme, moins mièvre que ses prédécesseurs, Ysatis, sans prétendre à une originalité qui ne correspondrait pas au personnage, l'incarne de façon très réussie et plaisante.

Sur un homme : parfait, car son équilibre sucré ne détonne plus de nos jours, et sa discretion est sans défaut.

YSL Pour Homme (Saint-Laurent)

S'il est un domaine où les économies ne payent pas, c'est bien l'eau de toilette masculine. Combien de créations récentes tombent à plat parce que leur formule a été faite en tandem par un compositeur et un comptable!

YSL date d'une époque plus généreuse où l'utilisation de notes synthétiques n'était pas prétexte à un régime sec. Dans la lignée de ce que j'appellerais les parfums bleutés en hommage à leur chef de file Aqua Velva (Williams), YSL montre que l'on peut être à la fois propre, spatial et éminemment confortable. On le sentait dans les coursives de 2001. Parfait.

Sur un homme : son style rétro sans suavité est très élégant.

On a woman: who fears nothing.

Ysatis (Givenchy)

There exists in perfumery, as in literature, the beautiful woman of thirty years, wise and romantic, who wears her long hair in a chignon: it may be Madame de Rênal. Her perfume has long been L'Air du Temps (Nina Ricci) or, to a lesser extent, Fidji (Guy Laroche).

Ysatis renews the formula by preserving its marmoreal whiteness, but makes it caress gently, as with the fingertips, notes by turn citric and balsamic.

Superbly polished in both senses of the word, less cloying than its predecessors, Ysatis, without pretense to an originality out of step with its character, embodies it in a very successful and pleasing way.

On a man: perfect, since nowadays its sweet balance no longer clashes, and its discretion is flawless.

YSL Pour Homme (Saint-Laurent)

If there is one area where thrift doesn't pay, it is men's eau de toilette. How many recent creations fall flat because their formulas were composed in tandem by a perfumer and an accountant!

YSL dates from a more generous era, when the use of synthetic notes was not a pretext for a starvation diet. In the lineage of what I would call blued fragrances, in honor of their leader Aqua Velva (Williams), YSL shows that one can be at once clean, futuristic, and eminently comfortable. It was smelled in the hallways of 2001. Perfect.

On a man: its retro style without sweetness is very elegant.

INDEX

INDEX

gigolo 201
gilded 131, 175
ginger 169, 193
gleaming 191
glitter 127, 181
glorious 23, 103, 165
gluttonous 85
gold 177
golden 29, 123, 131, 141, 181, 193
grandiose 31
grapefruit 45, 91, 159, 181
grass 85
green 47, 49, 61, 69, 75, 79, 85, 89,
97, 101, 103, 105, 109, 113, 127,
133, 139, 141, 155, 169, 171, 181,
183, 191, 193, 197, 199, 205
green peppers 127
green tea 75
GTI 61
génépi 161
hairspray 43
happy 131, 151
haughty 3, 83, 195
hay 115, 119, 153
heavy 103, 107, 109, 143, 161, 165,
167, 171, 177
herbaceous 119
herbs 37, 49, 153, 161, 197
heroic 163, 171
hesperide 21, 35, 39, 115
honey 45, 103, 107, 113, 129, 157,
177, 187
horn 89
hurry 199
husky 159
hygienic 45, 173, 205
icy 105

ideal man 155
illusions 43
immaculate 71, 111
impassive 37
imposture 151
inane 49, 129
incense 65, 105, 121, 167, 175, 187
insistent 63
intelligence 23, 35, 77, 117
invasive 85
iodine 195
iridescent 23, 45, 67, 69, 99, 147,
157
iris 11, 95, 109, 115, 179, 195
ironic 131
Irritating 67, 117
Japanese-inspired 69
jasmine 19, 79, 99, 103, 123, 137,
165
jungle 133
juniper 55
languid 115
languorous 67, 159
lantern 101, 183
laughing 89, 101
laughter 53, 163
lavender 155
leafy 188
leather 33, 35, 55, 63, 107, 138, 141,
149, 167, 177, 183
leaves (fallen) 75
leisure 95
lemon 35, 55, 59, 69, 93, 95, 113,
123, 137, 157, 187, 193, 195
lifeless, 45, 61
lily-of-the-valley 61, 119, 191, 193
linden-mint 37

linen 121
liquid 41
loukoum 147, 193
loutish 55
luminous 75, 77, 83, 93, 123, 133, 147, 155, 163, 173, 191
luxurious 27, 37, 67, 71, 77, 103, 121, 123, 139, 147, 149, 181, 191, 197
Madeira 103
manager 113, 123, 153, 169
    unknown, 61
mandarin 135, 157
mango 23, 163
marble 41, 79, 197
marine 23, 53, 105, 145, 195
Marschallin 103
marzipan 109
mawkish 45, 113
medicinal 35, 85, 115, 125, 139, 161, 167
melancholy 27, 55, 67, 103, 117, 133, 155
melon 55, 59, 69, 163, 199
merge 79, 91
meringue 33, 173
metallic 7, 23, 45, 67, 97, 99, 109, 111, 117, 159, 161, 171, 179, 181
Meursault 47
milky 21, 23, 45
mimosa 75
mint 19, 37, 61, 71, 177
mischievous 51
mist 201
monochrome 69
morello cherry 51
mouthwatering 111

mugwort 161
mulled wine 35
multicolored 33, 109, 163, 183
murky 69
musk 77, 147, 153, 163
muted 74, 101
myrrh 187
mysterious 27
mystical 121
natural 19, 27, 31, 35, 37, 45, 69, 71, 89, 95, 97, 113, 117, 119, 123, 139, 141, 145, 147, 179, 197
neo-baroque 163
neoclassical 39, 53, 59, 67
neon 23, 33, 39
neon yellow 33
nice girls 79
nostalgia 27, 55, 183
nouvelle cuisine 85
nutmeg 123
nuts 47, 157
oily 15, 75, 111
olive oil 193
Olympian 71
opaline 43, 61, 75, 101
opulent 127, 145
orange peel 21, 107
orchestral 37, 71, 101, 125, 197
Orient 21
oriental 21, 29, 51, 53, 89, 139, 147, 159, 177, 179
overripe fruit 47, 59, 163
oysters 49, 71, 137
painted 205
pale 37, 55, 97, 101, 105, 133, 173, 181
pallor 23

sensible 33, 93, 131
sensual 11, 31, 33, 65, 69, 89, 141, 167, 175, 197
sentimentalities 149
serene 29, 55, 103, 155
setting sun 103
sham 43
sharp 25, 33, 69, 73, 101, 147, 161
sharp (musical) 69
silk 25, 61, 91, 147
silky (silken) 63, 71, 95, 117, 129, 179
silly 7
skeletal 67
sleek 25, 137
smiling 21, 27, 77, 101
smoke 5, 21, 175
soap 51, 53, 75, 97, 125, 153, 159, 161, 179, 197, 201
sober 133, 141
soft caramel 191
softness 75, 129, 153
solar 53, 131, 193
solid 71, 95, 103, 111, 119, 131, 155, 183, 195, 205
sorbet 55
sour 121, 131, 195
spatial 105
spicy 27, 29, 41, 51, 53, 65, 79, 89, 93, 107, 113, 115, 123, 139, 141, 153, 177, 179, 199
splendor 55
stable 71, 79, 97, 109, 127, 159, 169, 171
stiffness 121
Stoic 67, 195

streamlined 25, 79, 179
stunted 45
suave 109, 169
sugary 33, 51, 113, 125, 129, 137, 167, 173
summer 19, 147, 159, 181, 195
sumptuous 27, 55, 79, 111, 117, 123, 159
sunlit 35, 89
sunny 11, 15, 93, 193
surprising 35, 51, 89, 93, 115, 125, 145, 165, 193
Suze 93
sweet 11, 19, 21, 29, 35, 55, 67, 75, 81, 83, 91, 107, 123, 131, 133, 147, 157, 159, 167, 169, 173, 191, 195, 205, 207
sweet wine 11, 123
sweetness 35, 49, 71, 77, 79, 105, 115, 157, 167, 195, 205
sweets 35, 191
sylvan 67
talc 131, 133
tame 41
tan (tanned) 27, 35, 43
tannic 181
tapered 71, 171
tarry 51, 125, 167
tart 105
tawdry 111, 127
tea 19, 33, 75, 123
tea cake 121
teenager 133
tender 47, 75, 147, 155, 191, 195, 205
tinsel 53

ABOUT THE AUTHORS

LUCA TURIN is a perfume critic, biophysicist, popular lecturer, and author of several books on science, perfume, and culture, including the original *Parfums le guide*; *The Secret of Scent*; *Perfumes: The A–Z Guide*, *The Little Book of Perfumes* and *Perfumes: The Guide 2018* with Tania Sanchez; and *Folio Columns: 2003–2014*, which collects, in the original English, his features and monthly columns for Swiss magazine *NZZ Folio*, where he remains a regular contributor. He has also been the perfume critic for *Style Arabia* (now *Vogue Arabia)*. His writing on perfume has been awarded both the Prix Jasmin (France) and the Jasmine Prize (UK). He currently conducts research in olfaction, anesthesia, and brain disorders.

TANIA SANCHEZ is a writer with an interest in perfume, aesthetics, and culture. She is the co-author with Luca Turin of *Perfumes: The A–Z Guide*, *The Little Book of Perfumes*, and *Perfumes: The Guide 2018*. Her work has appeared in a variety of publications including *The Guardian*, *T Magazine Spain*, *Intelligent Life*, *Fashion*, *Marie Claire*, *Allure*, and *Psychologies*, for which she was awarded a Jasmine Prize (UK).

FURTHER READING

★ *Perfumes: The Guide 2018* by Luca Turin and Tania Sanchez (2018), published by Perfüümista OÜ

Ten years after their first critically lauded guide, Turin and Sanchez return with reviews of over 1,200 scents, this time focused on the small firms and producers known as "niche" perfumeries.

★ *Perfumes: The A–Z Guide* by Luca Turin and Tania Sanchez (2009), now available in paperback from Perfüümista OÜ and Profile Books (UK)

Turin and Sanchez brought perfume appreciation to the wider culture with their groundbreaking guide to over 1,800 fragrances, from their all-time favorites to a stinker described as "like getting lemon juice in a paper cut." Smelling through the top ten lists should be a life goal.

★ *The Little Book of Perfumes* by Luca Turin and Tania Sanchez (2011), published by Penguin Books in the US and Profile Books in the UK

A distillation of just the masterpieces from *Perfumes: The A–Z Guide,* here are one hundred of the greatest perfumes of all time, with the addition of long-lost greats Chypre, Emeraude, Iris Gris, and L'Origan.

★ *Folio Columns 2003–2014* by Luca Turin (2015), published by Perfüümista OÜ

Turin's inimitable writing in features and monthly columns for Swiss magazine *NZZ Folio* is here collected and published in the original English. First, his *Duftnote* discusses all matters olfactory, from long lost perfumes to the smell of jet fuel. Later in *Entweder Oder* he chooses between two not always obvious alternatives—coffee vs. chocolate, art vs. nature, flats vs. heels, Captains Haddock vs. Nemo, trams vs. free will, and other unconsidered options.

★ *The Secret of Scent* by Luca Turin (2006), published by Ecco in the US and Faber & Faber in the UK

A molecule flies up your nose, yet what about any particular arrangement of atoms tells you cut grass or garlic, the chlorine in a pool or the toasty vanilla of an old paperback? Turin explains his interest in olfaction, the history of scientific attempts to explain it, and his own theory of how it might all work.

CPSIA information can be obtained
at www.ICGtesting.com
Printed in the USA
LVHW032251181222
735495LV00003B/489